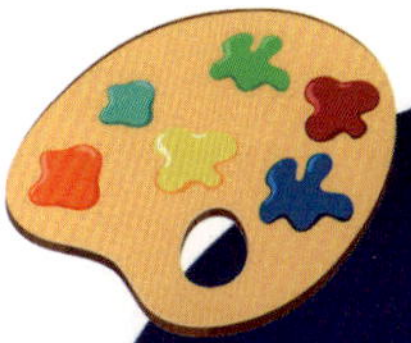

幼儿趣味美术创作教程

任思晓 李旭 邹冀 黄莎 著

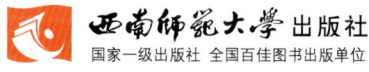

图书在版编目（CIP）数据

幼儿趣味美术创作教程 / 任思晓等著 . — 重庆：
西南师范大学出版社，2020.11
 ISBN 978-7-5697-0146-3

Ⅰ . ①幼… Ⅱ . ①任… Ⅲ . ①美术课 – 学前教育 – 教学参考资料 Ⅳ . ① G613.6

中国版本图书馆 CIP 数据核字 (2020) 第 007537 号

幼儿趣味美术创作教程
YOU'ER QUWEI MEISHU CHUANGZUO JIAOCHENG

任思晓　李旭　邹冀　黄莎　著

责任编辑：徐庆兰
装帧设计：戴永曦
排　　版：黄金红
出版发行：西南师范大学出版社
地　　址：重庆市北碚区天生路 2 号
邮　　编：400715
本社网址：http://www.xscbs.com
网上书店：http://www.xnsfdxcbs.tmall.com
电　　话：（023）68860895
传　　真：（023）68208984
经　　销：新华书店
印　　刷：重庆康豪彩印有限公司
幅面尺寸：185mm×260mm
印　　张：6
字　　数：122 千字
版　　次：2020 年 11 月第 1 版
印　　次：2020 年 11 月第 1 次印刷
书　　号：ISBN 978-7-5697-0146-3
定　　价：45.00 元

本书如有印装质量问题，请与我社读者服务部联系更换。
读者服务部电话：（023）68252507
市场营销部电话：（023）68868624　68367498

西南师范大学出版社美术分社欢迎您的赐稿。
美术分社电话：（023）68254657　68254107

前 言

根据国家教育部《关于引导部分地方普通本科高校向应用型转变的指导意见》：当前，我国已经建成了世界上最大规模的高等教育体系，为现代化建设作出了巨大贡献。但随着经济发展进入新常态，人才供给与需求关系深刻变化，面对经济结构深刻调整、产业升级加快步伐、社会文化建设不断推进特别是创新驱动发展战略的实施，高等教育结构性矛盾更加突出，同质化倾向严重，毕业生就业难和就业质量低的问题仍未有效缓解，生产服务一线紧缺的应用型、复合型、创新型人才培养机制尚未完全建立，人才培养结构和质量尚不适应经济结构调整和产业升级的要求。

美术教育和职业技术教育将迎来更迅猛的发展和变化。未来相当长时间内，美术教育将根据职业技术需要和审美教育需要进行转型和普及。美术教师教育类课程已经从单一艺术绘画、设计、雕塑、史论专业深度教育过渡为审美教育和职业技能教育，泛美术教育将是未来美术教育的一个发展方向。这不仅是教育进一步深化改革的趋势，也是美术教育的最终落脚点和实际节点。

这也意味着，随着职业技术教育的全面铺开，具有系统、专业且便于教学和学习的直观性、操作性基础教材更有实际指导价值和意义。

现有美术教材种类繁多，有的立足培训技能高点，有的立足审美理论和欣赏，有的倾向专业学术性，有的放眼零基础启蒙……

作为中职美术教育类教材，本书在编写指导思想上立足美术实用技能，结合了作者多年的幼儿美术实际教学经验，把美术专业技能通过教学经验进行了提炼和简易化。同时，针对孩子的天性、好奇心和好玩性，贯彻基础儿童美术教育的趣味性和探索性，把美术技能教育变得实用、简易、有趣，同时兼顾创新思维和想象能力的拓展。

本书在编撰内容上，根据区域性、经济性、方便性和易于制作及教学的特点，结合了当前幼儿趣味美术理念和创新美术教学理念及幼儿的心理和生理发展规律，可充分发挥个体的学习兴趣和能动性，也便于施教者参考。

本教程属于独立的趣味美术教程，没有按传统教学板块如手工、绘画、泥塑等进行分类归册，而是从幼儿美术的趣味角度出发，选编难度适宜、取材方便、技巧简易的创新应用型教学内容，突出从兴趣入手、方便、效果强等特点，把造型、色彩、创造能力、想象能力这些需要多年专业培养的美术基础能力融进趣味美术的各个环节和实践中。这不仅有利于提高教材使用的有效性，也便于学习者借鉴和参考。

考虑到幼儿美术教育的发展趋势和更新速度以及发展均衡的地区差异，本教程没有刻意安排课时、作业要求和作业数量，而是根据教学内容的引导进行了一些思维和能力拓展的建议，具有一定的教学弹性空间。

本教程由多年来致力于幼儿美术教学且富有经验的教师集思广益，于实际教学和幼教经验中凝练而成。所涉猎教学内容和图片多是重庆市学前教育一线和幼儿园教学实际范例，也参考了一些相关的优秀手工作品和幼儿基础绘画教程分享，在这里一并向原作者致谢！

由于编撰时间仓促，学识有限，编撰方式侧重实用性，难免有不尽人意的地方，敬请读者提出宝贵建议，以便在今后再版过程中修改。

目 录

第一章　有趣的线　　　　　　　　　　　001
　第一节　创意的线条和线描　　　　　001
　　第一课　哇，音乐看得见　　　　　001
　　第二课　跳舞的机器娃娃不一样　　006
　　第三课　奇妙的线条画　　　　　　009
　第二节　水墨和线　　　　　　　　　012
　　第一课　乱挠痒痒的章鱼　　　　　012
　　第二课　愤怒的大猩猩　　　　　　015
　　第三课　水墨下的春风　　　　　　019

第二章　点和面的表达　　　　　　　　025
　第一节　跳跃的点　　　　　　　　　025
　　第一课　冬夜里，树上的家　　　　025
　　第二课　放大的花花世界　　　　　030
　　第三课　尖尖的点——生气的刺鲀　034
　　第四课　蚂蚁的地下王国　　　　　038
　第二节　水墨的点与面　　　　　　　041
　　第一课　阳光下的金钱草　　　　　041
　　第二课　我的创意插画　　　　　　045

第三章　色彩的采集　　　　　　　　048
　第一节　你好，色彩　　　　　　　048
　　第一课　流动的颜色　　　　　　048
　　第二课　蔬果遇见色彩　　　　　051
　　第三课　"古诗里"的大鹅　　　　054
　第二节　色彩的缤纷与构成　　　　056
　　第一课　毛毛虫变成蝴蝶啦　　　057
　　第二课　神秘的狮子鱼　　　　　060

第四章　综合材料的运用　　　　　　065
　第一节　有趣的超轻黏土　　　　　065
　第二节　刻与印的小版画　　　　　070
　第三节　纸艺创作　　　　　　　　074
　第四节　废旧材料的运用　　　　　081

第一章 有趣的线

第一节 创意的线条和线描

教学设计缘起

对孩子们来说,线条是最早掌握的造型技能,也是之后一切造型活动的基础,其灵活的造型美也能够为孩子们提供更多的创意可能。因此,我们将趣味美术创作的基础落脚在线条的创作上,"有趣的线"也就成为本章的创作主题。

第一课 哇,音乐看得见

一、课程介绍

本课程适合年龄:4~5岁。

本课的设计灵感来源于被誉为"一首画出来的乐曲"的音乐绘本《指挥家》。我们在这堂课中融入了声音与线条、色彩的通感。通过老师播放的不同曲风的音乐,让孩子们根据音乐的不同节奏绘制不同的线条,并无意识地将各种线条交织形成各种块面或点。然后让孩子们选择用三原色涂满大小不同的块面并决定颜色的布局与形态,将内心的激情融入点、线、面组成的独特构图之中。

艺术家介绍

蒙德里安,荷兰画家,几何抽象画派的先驱,以几何图形为绘画的基本元素,创立了"风格派",倡导自己的"新造型主义"艺术。他用简单的线条和色块组合出了一幅幅寓意深刻的佳作,影响深远。(图1-1-1)

图1-1-1 蒙德里安的作品

康定斯基是出生于俄罗斯的法国画家，是抽象艺术的先驱，是现代抽象艺术在理论和实践上的奠基人。（图1-1-2）

图1-1-2 《构成第八号》康定斯基

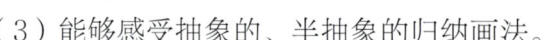

1. 知识目标

（1）掌握美术绘制中的点、线、面语言，并且能结合运用。

（2）能够认识和感受线的长短、曲直、高低、粗细等对比关系。

（3）能够感受抽象的、半抽象的归纳画法。

（4）认识三原色以及简单的同色系色与对比色。

2. 技能目标

（1）欣赏艺术家蒙德里安的作品，对多个作品艺术特点的相同点和不同点进行感受和鉴赏。

（2）能运用线条描绘动态效果，大胆绘制，根据播放的音乐画出线条的韵律感。

（3）感受线条交织形成的块面，体验不同大小和疏密的块面形成的画面感，并感受不同色块组合在一起的画面效果。

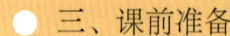

准备马克笔、油性勾线笔、水彩笔或水粉颜料和一段律动感较强的背景音乐。

● 四、绘制步骤

本课旨在通过音乐旋律，激发和吸引孩子们的兴趣。鼓励孩子们在大胆地画长线和螺旋线的同时，根据不同的音乐节奏，突出短线、点的表现力。

具体步骤如下：

1. 根据不同的音乐节奏，让孩子们绘制出不同的线条，并引导孩子们在空白处作装饰。（图1-1-3）

2. 在线条交叉形成的块面处进行红、黄、蓝三原色填色。（图1-1-4、图1-1-5）

3. 填充背景的颜色。用对比色进行背景填充，引导孩子们有意识地留一些空白，增强画面的对比度。（图1-1-6）

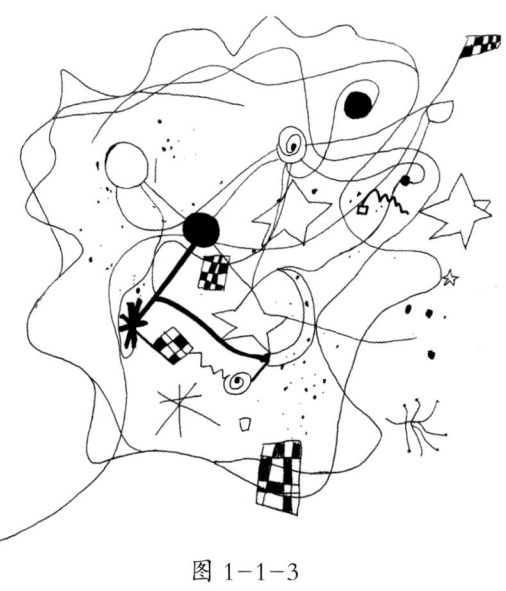

图 1-1-3

图 1-1-4

图 1-1-5

图 1-1-6

第一章 有趣的线

五、教学注意事项

1. 注意区别不同性格的孩子绘制的线条，这时需要老师分别引导。
2. 让孩子们认识长、短、粗、细不同的线条，以及各种长曲线或螺旋线。
3. 引导孩子们观察：当音乐沉静而舒缓的时候，线条是什么样的？是跳跃的、波动的、上升的，还是直直的呢？当音乐高亢的时候，线条又会有什么变化呢？
4. 引导孩子们认识线条互相交织形成的块面，有像扇子形状的、像比萨形状的、像靴子形状的……让孩子们学会归纳大的形状。
5. 引导孩子们认识三原色，了解三原色混合后能够产生哪些新的颜色。

六、课程拓展

儿童美术教育不仅仅是技能的训练，更多的是情感和表达能力的培养。从课程设计角度来看，我们用音乐启发孩子们的表达思维，鼓励孩子们大胆用笔，一次成型，尽量不要断线，敢于拓展外轮廓或者收敛内部线条等。

对于不同年龄段的孩子，我们鼓励他们大胆地用色块和线进行创作。

5~7岁孩子的作品。（图1-1-7、图1-1-8）

图1-1-7　　　　　　　　　　　　图1-1-8

指导老师：任思晓

7~10岁孩子的作品。（图1-1-9、图1-1-10）

图1-1-9　　　　　　　　　　　　图1-1-10

指导老师：邹冀

也可运用色块和线条拼接的方式与不同的材料碰撞。例如：尝试在 KT 板、硬卡纸或海绵纸、泡沫板、不织布上进行剪、贴，做成有厚度的拼贴作品。（图 1-1-11、图 1-1-12）

图 1-1-11

图 1-1-12

重庆师范大学艺术教育专业学生作品　指导老师：李旭

作品欣赏

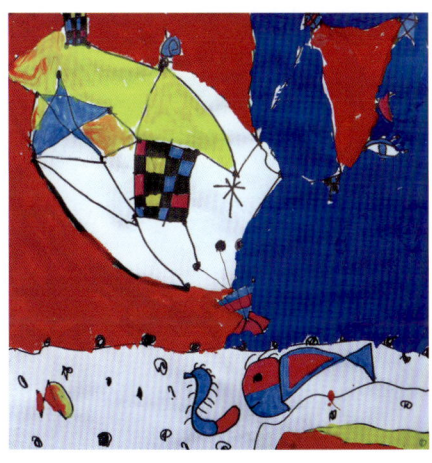

指导老师：邹冀

第二课　跳舞的机器娃娃不一样

一、课程介绍

本课程适合年龄：4~6岁。

让机器人跳起舞来，手牵手，围成圈，跟着音乐转圈圈。教师引导孩子们观看一些夸张变形的可爱机器人图片，并带动孩子们做跳舞的动作，让孩子们看到形体的变形、夸张。让他们在绘画中尝试主动地安排线条，比如并列的短线、延伸的直线、夸张的弧线等，从而感受线条间的变化。

二、教学目标

1. 知识目标

（1）了解并体验长线、短线、曲线、弧线、粗线、细线等各种线条的组合效果。

（2）了解美术中的黑白灰关系。

（3）了解卡通画的特点。

2. 技能目标

（1）学会线条的简单排列画法。

（2）学会绘制简单的黑白灰关系。

（3）学会物体的卡通画表达技巧。

（4）学会马克笔的上色技巧。

三、课前准备

准备马克笔、油性勾线笔、A4绘画纸、机器娃娃的图片、跳舞的视频。

四、绘制步骤

1. 绘制机器娃娃的外形。旋转画纸画不同方向的机器娃娃，将机器娃娃变形的身体部分连接在一起，使画面形体都组合在一起。（图1-1-13）

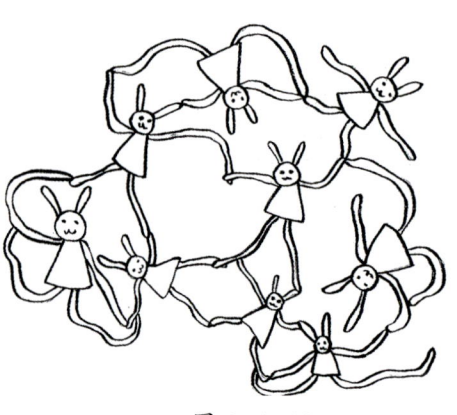

图1-1-13

2.增添机器娃娃身上的细节和装饰,排列机器娃娃手臂上的短线(孩子们也可根据自己的喜好来绘制)。(图1-1-14)

3.在线条交织形成的块面里填上颜色,并引导孩子们注意某些块面要留白,营造画面的疏密感。(图1-1-15)

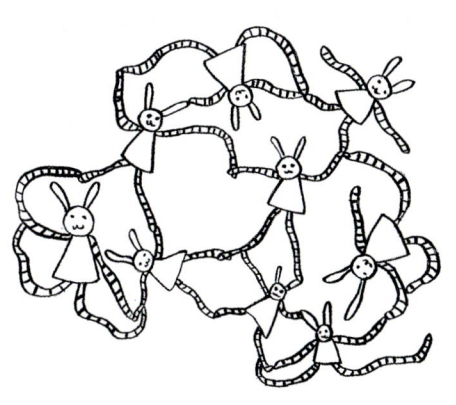

图1-1-14

图1-1-15

● 五、教学注意事项

1.注意引导孩子们对机器娃娃的设计。孩子们习惯用画笔表达对生活的观察和体验,所以他们画出来的机器娃娃有可能是他们最近最喜欢的洋娃娃形象,也可能是最近才看到的动画片角色或最喜欢的车子的形象等。教师应鼓励孩子们结合自己的实际感受绘制。

2.旋转画纸绘制的时候,鼓励孩子们想象外太空失重情况下的宇航员形象,让机器娃娃的布局更加随性和饱满。

3.注意机器娃娃手臂的短线排列。有些孩子很有耐心,会一笔一笔地细细添加,有些孩子会随性一点,要注意引导随性的孩子绘制的短线尽量不出现超边、间隔不一、过于稀疏的现象。

4.用马克笔上色时,注意引导孩子们正确地用笔,杂乱无序的用笔方式会让画面的颜色较脏、较乱,要让孩子们学会规整的上色技巧。

六、课程拓展

作品欣赏

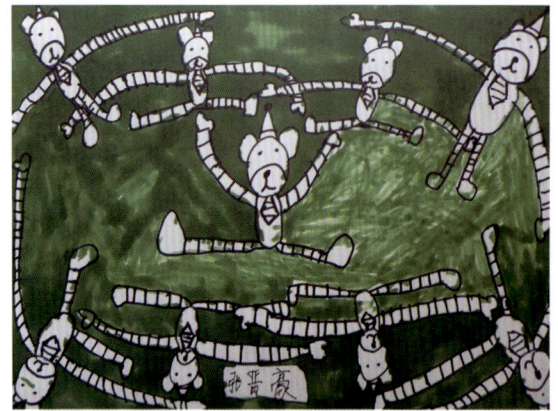

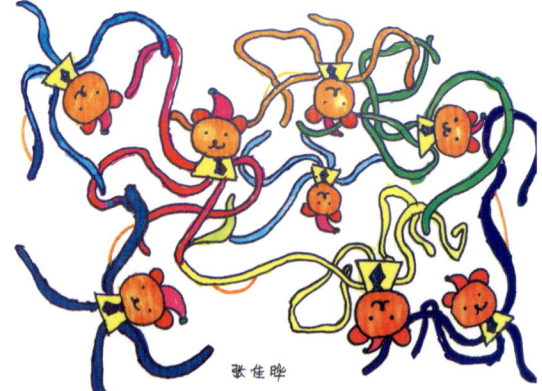

指导老师：邹冀

第三课　奇妙的线条画

● 一、课程介绍

本课程适合年龄：4~6岁。

教师摆放好各种各样的瓶子和罐子，让孩子们围成一圈观察。然后教师带领孩子们用五颜六色的毛线缠绕在瓶子和罐子上，让孩子们感受螺旋线的形成样式。缠绕好毛线之后，教师引领孩子们观察瓶子和罐子的形象，让孩子们选取喜欢的瓶罐组合进行描绘，尝试画出不同瓶子和罐子的特征，并给它们画上漂亮的螺旋线。

本门课程是关于线的表达的绘制，我们确定了画面构成的基本要素——线条。让孩子自己去感受线条的粗细变化、物体的主次与远近虚实关系，主动权在他们手中。他们要在绘画中解决的重要问题是：如何通过线条的对比来突出主体物——瓶子和罐子的形象。

● 二、教学目标

1. 知识目标
（1）了解、观察不同物体并尝试去归纳这些物体的特征。
（2）初步认识颜色，了解相近色、对比色的概念。
2. 技能目标
（1）能自主运用和归纳线条，学会控制线条的长度，了解线条排列的美感。
（2）初步尝试组形，了解组合物体之间的前后空间关系。

● 三、课前准备

准备马克笔、油性勾线笔、各色毛线，各式各样的瓶子和罐子并有序摆放。

● 四、绘制步骤

课上展示将毛线缠绕到瓶体和罐体上的螺旋线条的形象。
1. 引导孩子们绘制瓶罐组合，注意符合实物的大小比例。（图1-1-16）
2. 绘制瓶罐上的毛线纹理，并注意对应毛线的颜色。（图1-1-17）
3. 绘制背景线条，注意颜色与瓶罐上的毛线颜色为对比色。（图1-1-18、图1-1-19）

图 1-1-16　　　　　　　　　　　图 1-1-17

图 1-1-18　　　　　　　　　　　图 1-1-19

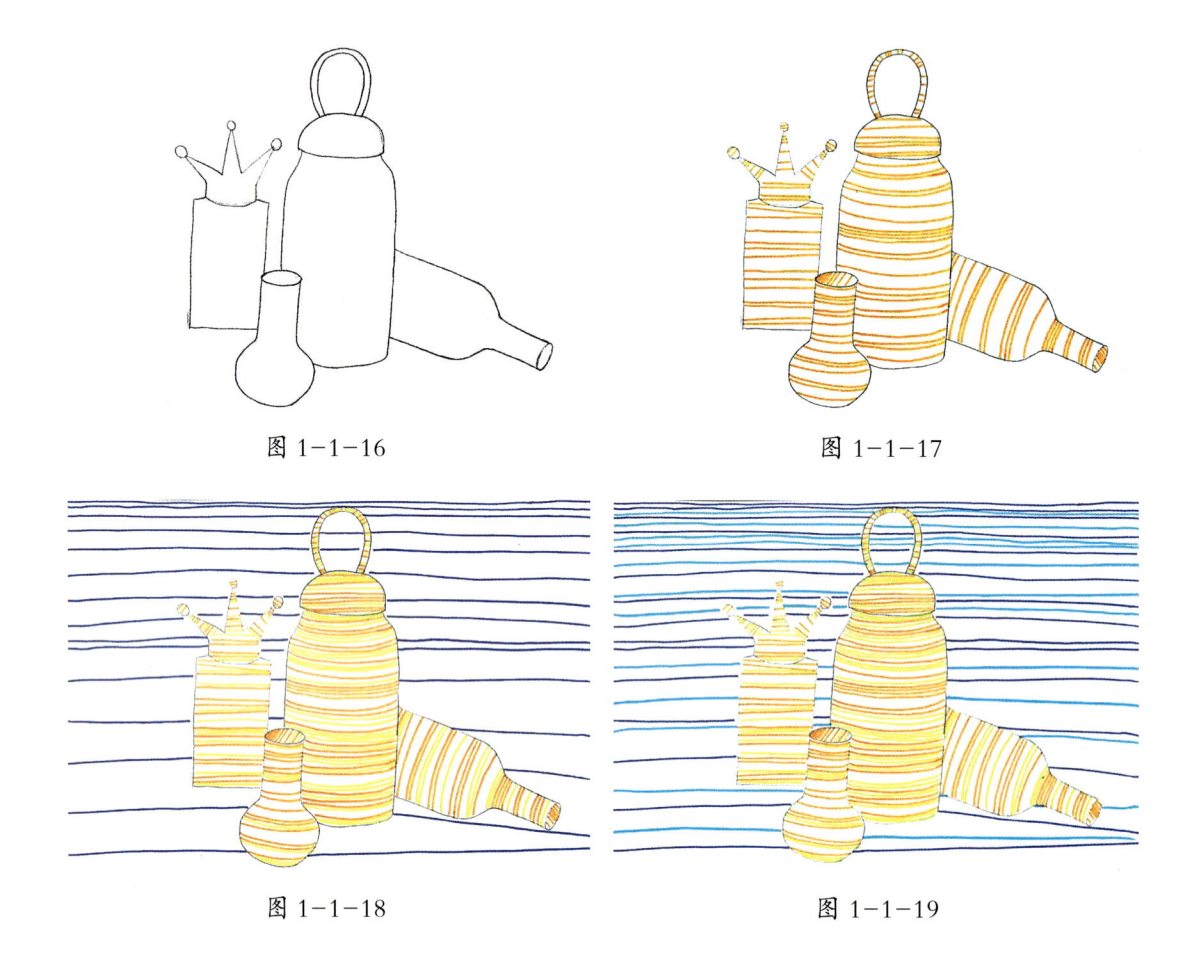

● 五、教学注意事项

1. 瓶体的造型

注意不同瓶子和罐子的造型变化，包括形状、大小和前后、高低关系。除了每一个瓶子的大小有差别之外，还要注意每一个瓶子自身也有弧度变化。

2. 注意空间关系

有意识地引导孩子们了解近大远小关系、组合物体的大小关系。

3. 瓶体的纹理

在给瓶体画纹理的时候，注意同色系颜色的准确运用。线条可以粗细搭配运用，要注意纹理之间的疏密变化。

4. 背景线条

注意选取瓶体线条的对比色绘制，线条的粗细疏密可以自行搭配控制。

● 六、课程拓展

这门课程的设计出发点是让孩子们初步了解空间和立体感。年龄大一点的孩子可以尝试运用线条的疏密排列绘制出不同的立体效果；尝试用线条的对比来突出画面的主体物。（图 1-1-20 至图 1-1-22）

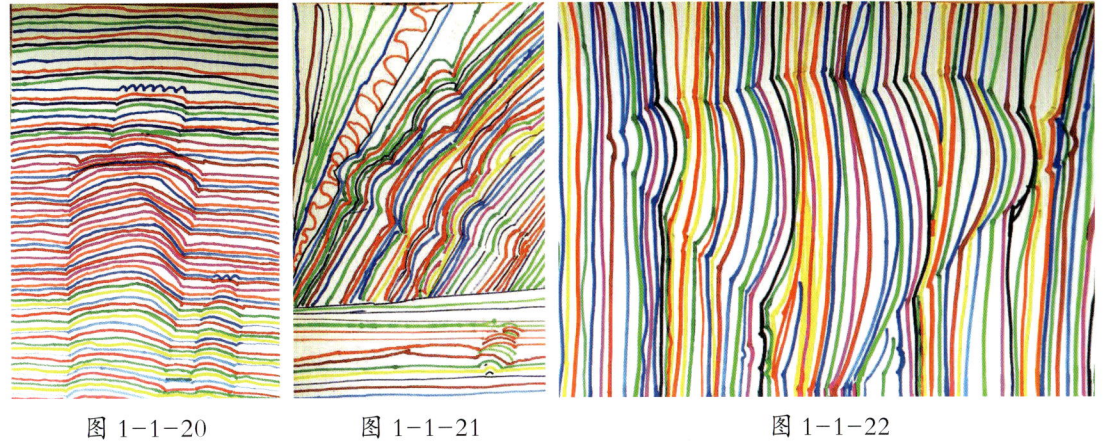

图 1-1-20　　　　　图 1-1-21　　　　　　　图 1-1-22

作品欣赏

第一章　有趣的线

指导老师：邹冀

第二节 水墨和线

教学设计缘起

上一节我们让孩子们体会了绘画基础元素——线的表现形式。在这一节中,我们希望能带领孩子们领略水墨画,通过中国传统的绘画技法来感受线的形式美。从描绘上看,是以"写意"的方式来描绘"线"。当作品呈现在观者面前时,观者再来"会意"。我们在水墨画的学习中,强调尊重孩子们的主观感受,让孩子们了解中国传统水墨画技法的基本使用方式以及它的艺术表现形式。

第一课 乱挠痒痒的章鱼

一、课程介绍

本课程适合年龄:6~8岁。

本门课程是根据儿童绘本《乱挠痒痒的章鱼》(图1-2-1)进行改编创作的。教师讲解章鱼的形体特征,并根据故事内容引导、带领孩子们一起表演挠痒痒的动作。鼓励孩子们想象"有那么多触须的章鱼挠痒痒是什么样子的",激发孩子们用水墨技法来表现线的欲望。

图 1-2-1

二、教学目标

1. 知识目标

(1)了解国画材料的基本特性:生宣纸的浸染、毛笔使用过程中形成的线条粗细变化、墨汁加入水分的多少呈现出的墨色浓淡变化。

(2)了解毛笔的运笔:中锋、侧锋、提按。

(3)了解"墨分五色"和"淡破浓"的技法。

2. 技能目标

(1)掌握中锋运笔,运用提按变化形成的粗细线条来完成章鱼的脚。

(2)能用中锋勾勒线条,用侧锋填涂颜色,让孩子们感受生宣纸吸色迅速、需大块填色、不可更改的特性。

（3）掌握淡破浓的用墨技法：用墨色画好章鱼脚，在画面半干的时候滴上清水，让水冲破浓墨，自然形成章鱼脚上的吸盘。

● 三、课前准备

准备生宣纸、墨汁、中国画颜料、毛笔、水、毛毡、白色碟子。（图1-2-2）

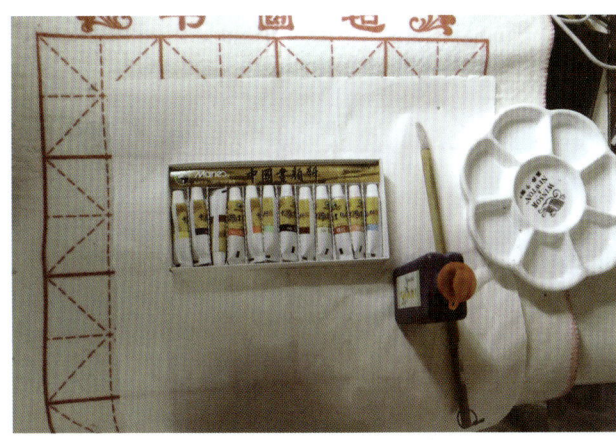

图1-2-2

● 四、绘制步骤

1. 先用湿画法画背景水色。趁背景颜色湿润时，立即添加墨点。（图1-2-3）
2. 绘制章鱼的形象。先用重墨绘出章鱼头部，再绘制章鱼须。（图1-2-4）
3. 绘制章鱼须上的吸盘。用淡破浓的技法，将淡墨滴在重墨的章鱼须上，形成吸盘。（图1-2-5）

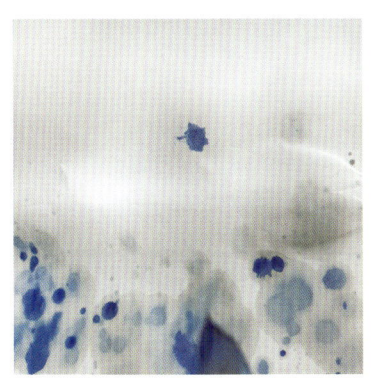
图1-2-3

图1-2-4

图1-2-5

五、教学注意事项

1. 墨汁与水的比例不同，能在生宣纸上形成不同的墨色。如需要重色的地方，水分要少加，如需要表现浅色或者亮色的地方，水分要多加，也可先调成淡墨再画。

2. 可以先用毛笔蘸饱满的淡墨，后用笔尖蘸适量的浓墨，中锋行笔时，线条会由深变淡，侧锋行笔时，一笔内能自然形成由深至浅的渐变关系，形成有趣的墨韵。

3. 在叠加第二笔的时候，应注意第一笔的干湿程度，太湿则无形，太干则生硬。

六、课程拓展

墨色丰富的深浅变化，形成了有趣的墨韵。我们可将墨特有的"浓"与"淡"相配，创作出具有丰富黑白灰对比的作品。（图1-2-6至图1-2-8）

图 1-2-6

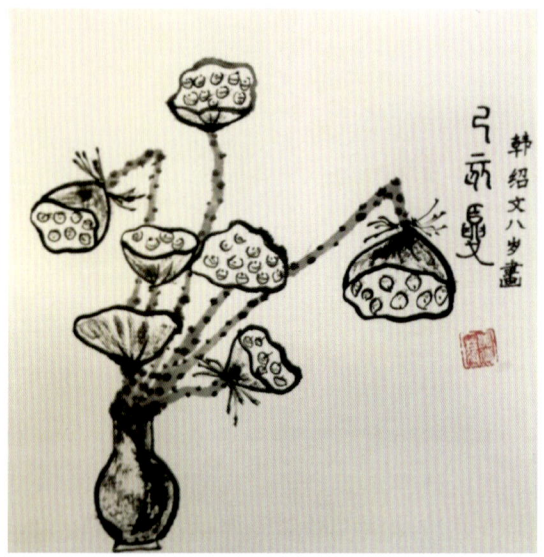

图 1-2-7

图 1-2-8

指导教师：黄倩

作品欣赏

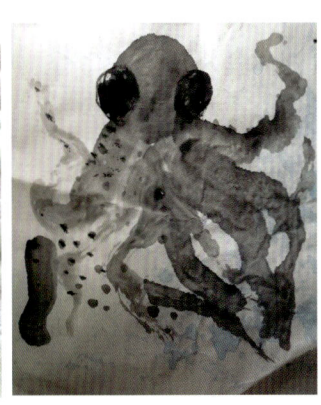

指导老师：黄倩

第二课　愤怒的大猩猩

一、课程介绍

本课程适合年龄：7~9 岁。

以某一原型为基础，通过线描的手法来创造新的形象，并在画面中加入情绪的表现，体现一定的艺术感，这是一种锻炼孩子们想象力和表现力的方式。每一个人表达愤怒的细节表情或方式具有独特性，这节课我们以猩猩为表现对象，以国画中线描的形式做艺术呈现，不仅对线的提炼和表现要求更高，还要求他们创造出独特的愤怒表情。

二、教学目标

1. 知识目标

（1）可以对动物造型进行简化和提炼，借助抽象的线与面来概括出大猩猩的形象。

（2）掌握红色与墨的交融，增强画面中大猩猩的愤怒情绪。

（3）掌握丝毛法的运用，生动地表现出大猩猩皮毛的质感。

2. 技能目标

（1）学会使用中锋勾勒细节。

（2）学会使用大毛笔（斗笔）蘸饱满的淡墨来绘制大笔泼墨的效果。

（3）学会把笔锋打散使用干画技法。

● 三、课前准备

准备生宣纸（40 cm×52 cm）、墨汁、中国画颜料、毛笔（勾线毛笔、大毛笔）、水、毛毡、白色碟子。

● 四、绘制步骤

1. 选用大毛笔（斗笔），蘸饱满的淡墨，运用侧锋大笔泼洒于生宣纸上，画出大猩猩的皮毛部分，注意用笔的方向变化，以线条的不同走势营造画面的立体感。（图1-2-9）

2. 中锋用笔勾勒出大猩猩的脸和五官，塑造出大猩猩愤怒的表情。要鼓励孩子们大胆表现。用红色表达愤怒的情绪时，让孩子们自主选择红色的体现形式，各种技法皆可，比如：甩、泼、点、干画等。（图1-2-10、图1-2-11）

3. 把笔锋打散，在未干的湿墨上快速扫笔，勾勒猩猩身上的毛发，将同样的线条运用在大猩猩身体的不同部位时，会产生不同的变化。（图1-2-12）

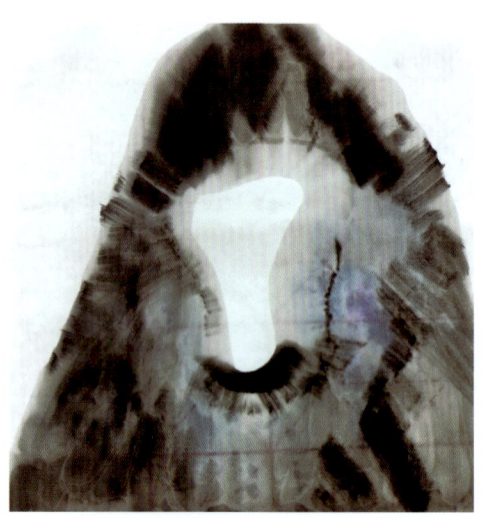

图 1-2-9

图 1-2-10

图 1-2-11

图 1-2-12

4. 最终效果如图 1-2-13 所示。

图 1-2-13

五、教学注意事项

1. 孩子们在用大毛笔（斗笔）画大猩猩皮毛底色的时候，教师要引导孩子们蘸不同的墨色，使皮毛底色产生丰富的墨色变化。

2. 在用红色表达愤怒的情绪时，注意待墨色未干的时候"摆"上红色颜料，以达到想要表现的画面效果。

3. 在绘制毛发细节的时候，注意顺应毛发的自然生长方向，以充分表现毛发的质感。

4. 下笔要肯定，一笔成形，不要反复描摹。行笔时保持一定的速度，不计较一笔的好坏。

5. 保证线条墨色的深浅变化，要有层次感和空间感，并且注意毛发线条的密度，尽量不出现空画面。

6. 注意画面的整体调控和线条的疏密对比。

六、课程拓展

要想将大猩猩的表情塑造得生动，眼神的描绘是关键。还可用淡墨挥洒出大猩猩生气时"炸毛"的蓬松效果，用丝毛法来表现大猩猩毛发的细节。有粗犷、有细节，才能恰到好处，这些是对"线"更立体的理解与表达。

不同年龄段的孩子对线的理解和技法的掌握不同，其画作会有不一样的呈现效果。

3~7岁孩子的作品《小花猫》。（图1-2-14至图1-2-17）

图1-2-14

图1-2-15

图1-2-16

图1-2-17

指导老师：任思晓

6~9岁孩子的作品《愤怒的狮子》。（图1-2-18至图1-2-20）

图1-2-18

图1-2-19

图1-2-20

指导老师：邹冀

作品欣赏

指导老师：李旭

第三课　水墨下的春风

● 一、课程介绍

本课程适合年龄：6~8 岁。

孩子们可以在杂志上、画报上、照片上选择任意的美丽春色作为创作参考，用水墨技法赋予这些美景新的精神和含义。吴冠中先生的国画作品用笔简练，以点、线造型，再配以鲜活简淡的色彩，正符合孩子们的审美和表现需求，值得参考学习。可以让孩子们用简单直接的技法去展现自己眼中鲜亮的世界，用水墨中的线与面去理解艺术与自然的关系。

艺术家介绍

吴冠中是中国当代具有世界性影响力的艺术大家，是中国现代美术史上大胆强调形式美感的重要代表人物，擅于把自己内心的激情融入点、线、面、色彩和独特的构图之中。

吴冠中在水墨画中融合了西方艺术的形式主义，又在油画中融合了水墨画的美感，油画、水墨画成为他手中的利剑。他正是因为融合了中西方的艺术规则和艺术形式，才得到艺术界的广泛称誉。（图1-2-21至图1-2-24）

图1-2-21 《狮子林》吴冠中

图1-2-22 《梯田》吴冠中

图 1-2-23 《江南》吴冠中　　　　　图 1-2-24 《春》吴冠中

● 二、教学目标

1. 知识目标

（1）了解中国山水画的基本造型法则。

（2）了解吴冠中抽象山水画的特点和形式美感。

（3）了解国画技法中的空间关系。

2. 技能目标

（1）掌握国画绘制过程中的中锋和侧锋行笔。

（2）掌握国画技法中留白的技法和语境。

（3）掌握毛笔的滴洒画法。

（4）掌握国画技法中山和树的表现方式。

● 三、课前准备

准备生宣纸、墨汁、中国画颜料、毛笔、水、毛毡、白色碟子。

● 四、绘制步骤

1. 运用湿画法绘制江水。（图 1-2-25）

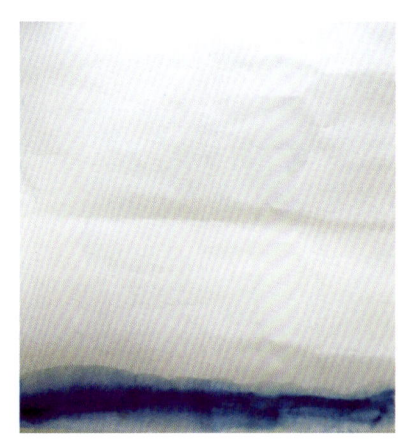

图 1-2-25

2.中锋行笔勾勒出山的基本外形,前山清晰运用浓墨,远山缥缈运用淡墨。绘制的时候注意:

(1)形象:引导孩子们从基本形入手,将山归纳为不同的形状并进行叠加。(图1-2-26)

(2)前后:用遮挡来表现前后关系,用前大后小的方式表现远近空间。

(3)粗细:要求画出山石线条不同的粗细变化,避免雷同刻板。(图1-2-27)

(4)丰富:以点的方式表示山上的石头或树木,在山体轮廓内进行点的填充,可以淡墨侧锋表现。(图1-2-28)

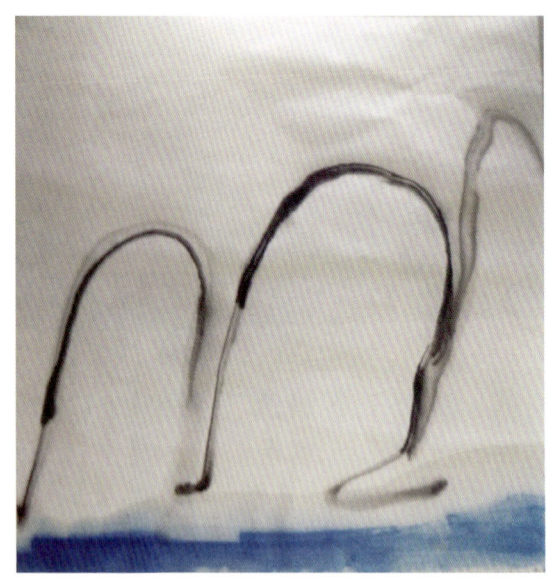

图1-2-26

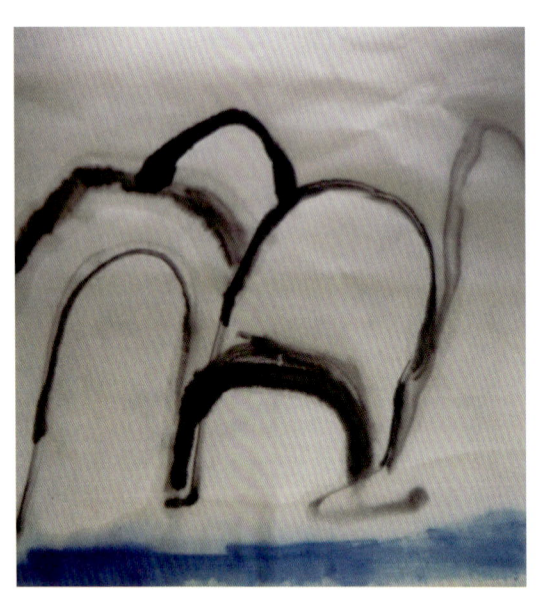

图1-2-27

图1-2-28

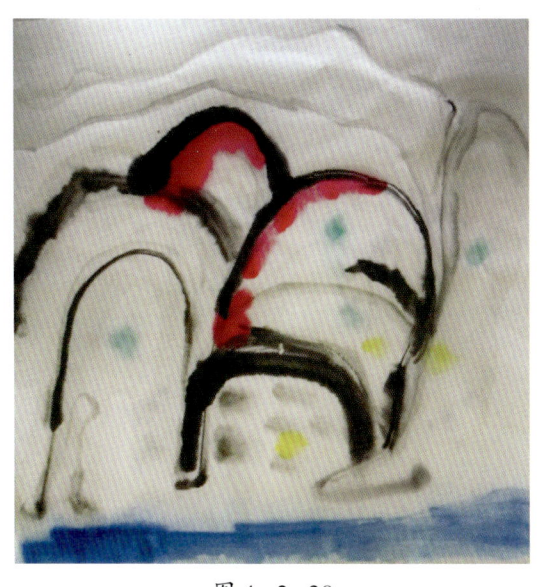
图 1-2-29

图 1-2-30

3. 可用丰富的色彩装点近景山体，远山则自然留白，形成色彩上的远近关系。（图1-2-29）

4. 运用滴洒法在纸面上滴洒出不规则的大点和小点，可以表示为山上的苔藓或者树木。（图1-2-30）

在绘制过程中，可结合吴冠中先生的绘画特点，使水墨画里融合构成感和块面感。

五、教学注意事项

1. 在绘制山的基本外形的时候，注意其前后重叠关系，需要控制笔下墨的浓淡之别。对山的表现方式，取决于孩子们对山的形象与意境以及创作方法的不同理解。在笔锋的转折与形态变化之间，在点画的长短与前后空间之间，既关照着形象的虚实深远，也关照着水墨的浓淡虚实，使作品形成一定的平面韵律、笔墨趣味和深远意境。同时，由于与真实的自然景物所对应的信息不足，导致孩子们主要依靠想象力和自主欣赏的能力，使得感性的想象大于自然的真实，反而呈现出极强的艺术感。

2. 绘制远山色彩的时候，注意留白，体现空间感。

3. 用毛笔滴洒色彩的时候，有意识地制造疏密变化，加深画面的空间布局效果。

六、课程拓展

下图线条生动而富有变化，有粗细、有提按、有浓淡，用笔肯定而随意，给人以轻松、灵活之感。可在运用水墨技法的同时，加入线描、点彩组合的表达手法。

3~5岁孩子的作品《水母》。（图1-2-31至图1-2-33）

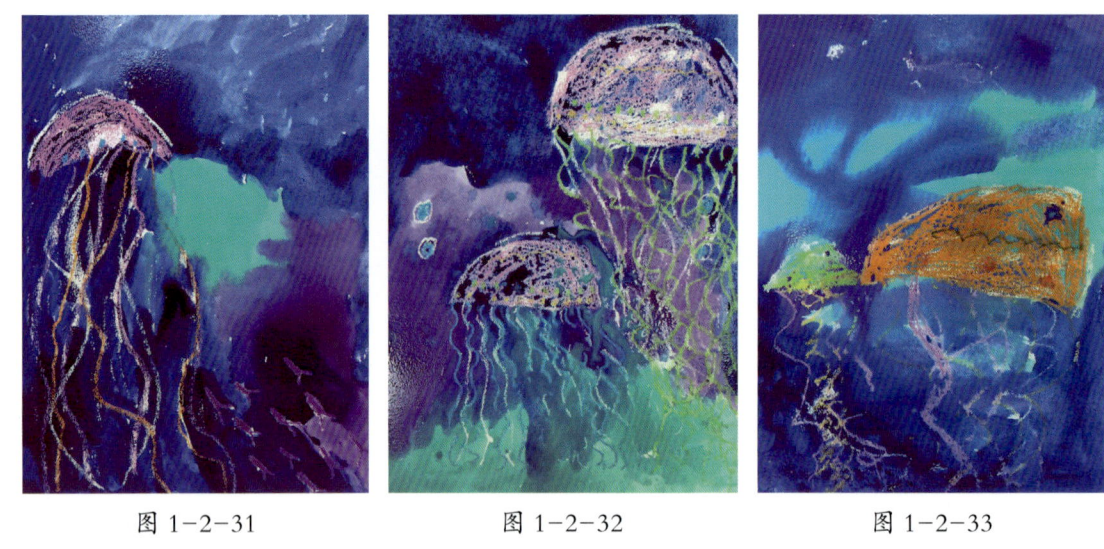

图1-2-31　　　　　　　图1-2-32　　　　　　　图1-2-33

6~8岁孩子的作品。（图1-2-34至图1-2-36）

图1-2-34　　　　　　　图1-2-35　　　　　　　图1-2-36

指导老师：邹冀

第二章　点和面的表达

第一节　跳跃的点

教学设计缘起

　　上一章我们结合不同绘画材料让孩子们感受了各种线条的表达和绘制技法，也在一些绘画表达中让他们接触了另外两种绘画的基础元素——点和面。点、线、面是一切造型的基础。点的密集形成了线，线的密集形成了面，面的密集形成了体。要让孩子们学会感受生活中点、线、面的独特艺术语言和艺术魅力，培养孩子们的艺术感知能力和造型表现能力。点和面的表达方式非常灵活和开放，能够让孩子们感受到更多的绘画可能性和趣味性。因此，我们在线的基础上开始了本章的创作主题——点和面的表达。

第一课　冬夜里，树上的家

一、课程介绍

　　本课程适合年龄：3~5岁。
　　本次课程主题是让孩子们绘制寒冬夜里大树上鸟儿的家。我们在材料设置上以颜色对比强烈的元素为主，希望能用鲜艳的色彩和多样的材料引导孩子们理解并感受点与面的艺术语言。可以手撕、剪纸、涂画，让孩子们感受包容、多样的绘画语言，并在绘制过程中找寻到更多的趣味和表达方式。

艺术家介绍

　　草间弥生，日本当代艺术家，从事前卫艺术创作。她擅用大量高彩度对比的圆点、花纹包覆各种物体的表面，她认为这些点组成了一面无限大的捕捉网。
　　她曾与当代卓越的艺术家如安迪·沃霍尔、克拉斯·欧登柏格、贾斯培·琼斯一起联展，被评为20世纪最伟大的艺术家之一。（图2-1-1至图2-1-4）

图 2-1-1 《花》草间弥生

图 2-1-2 《南瓜》草间弥生

图 2-1-3 《蘑菇》草间弥生

图 2-1-4 《花朵绽放于我心》草间弥生

● 二、教学目标

1. 知识目标

(1) 了解点和面的构成与形式美感。

(2) 感受点的疏密、面的大小所表达出的不同的艺术语言。

(3) 了解草间弥生和波普艺术的绘画形式。

2. 技能目标

(1) 学会点的整齐排列和散乱排列的不同组合方式。

(2) 掌握剪贴拼接的技巧和遮挡关系的表达。

三、课前准备

准备水粉颜料、棉签、牙签、铅笔、筷子、黑色勾线笔、各色卡纸、剪刀、双面胶、半开大的黑色卡纸。

四、绘制步骤

1. 关于大树的形象,鼓励孩子们可以撕纸也可以用铅笔绘制后再用剪刀剪下来。把大树贴在黑色卡纸上后进行点的绘制,孩子们可以根据自己画面中点的大小需要,选择不同的工具。(图2-1-5、图2-1-6)

2. 在背景中添上白色的点,形成雪花的效果,并画出树干上的积雪。(图2-1-7、图2-1-8)

3. 最后,将画好的小鸟剪下来后粘贴到树上。(图2-1-9、图2-1-10)

图 2-1-5

图 2-1-6

图 2-1-7

图 2-1-8

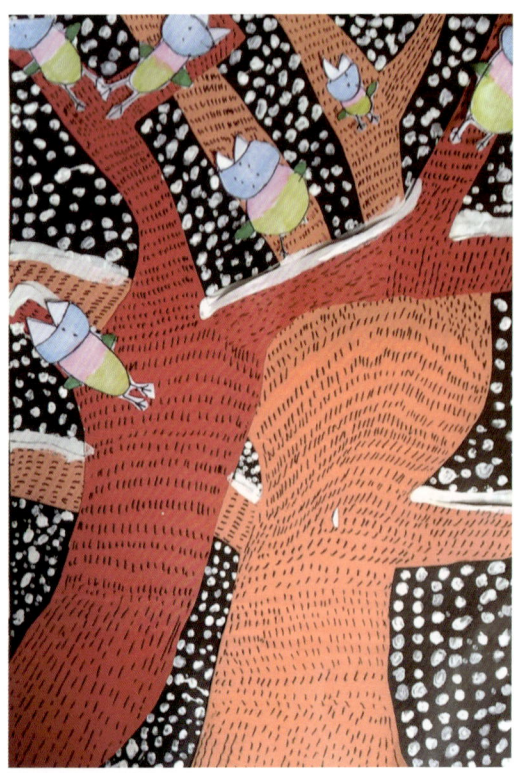
图 2-1-9

图 2-1-10

五、教学注意事项

1. 教师引导孩子们创作大树形象的时候，注意要求树干、树枝一定要有粗细、大小的变化，产生对比。
2. 大树的颜色尽量选择对比色或同色系色。
3. 点的绘制。注意疏密与大小的变化，注意有序和无序的排列方式。注意引导孩子们在绘制过程中的不同表现，由于孩子们的性格不同，对点的处理也会有所区别。
4. 注意背景中雪花的点和树干上的点的区别。
5. 小鸟的颜色选择最好根据大树的颜色来决定，尽量选择对比色，以营造空间感。

六、课程拓展

此次课程是密集点的排列和大块面的组合设计，所以画面的装饰性较高。在课堂的延伸上，以材料替换为主。

1. 对于低年龄段的孩子，可用"撕"作为创作技法，用撕的小块来表示点（图2-1-11、图1-1-12）。也可用棉签蘸颜料的方法来诠释点彩作画（图2-1-13、图2-1-14）。
2. 可将画中的点置换为小石子、黄豆、黑米、碎蛋壳等小物品进行拼贴创作。

图 2-1-11

图 2-1-12

图 2-1-13

图 2-1-14

指导老师：任思晓

作品欣赏

指导老师：任思晓

第二课 放大的花花世界

● **一、课程介绍**

本课程适合年龄：3~5岁。

如何让3~5岁的孩子分享他们眼中的自然景色？这个年龄段的孩子还生活在美丽的童话王国中，他们眼中斑斓的景色应该平添了一份童话、一份纯真、一份想象……怎样才能让他们把美景分享给我们呢？我们找了一些自然美景中的微景观，希望通过孩子们的眼和手，用艺术手法去表现微观的点，展示一下孩子们眼中的"花花世界"。

二、教学目标

1. 知识目标

（1）能对花草植物的形象进行简化归纳，去繁从简。

（2）几何图形归纳。敢于把自己脑海中感受到的花朵形象用不同的几何图形进行拼贴组合，形成大胆的艺术表现形式。

2. 技能目标

（1）学会撕和剪的配合使用技巧，掌握折叠对剪的技巧。

（2）自主选择点的装饰途径和颜色搭配。

（3）掌握饱满丰富的构图技巧。

（4）体验不同颜色的碰撞组合之美，用各色彩纸去诠释花花美景。

三、课前准备

准备水粉颜料、棉签、牙签、铅笔、筷子、各色彩纸、剪刀、双面胶、半开大的白色卡纸、马克笔。

四、绘制步骤

1. 引导孩子们观察不同花朵的形象，并在彩纸上画出花瓣和枝叶的外轮廓。（图2-1-15）

2. 在剪下来的花瓣和枝叶背面贴上双面胶。（图2-1-16）

3. 把剪下来的花瓣和枝叶粘贴在白色卡纸上拼成花朵的形状。（图2-1-17）

4. 用颜料或马克笔对拼贴的花瓣和枝叶进行"点"的绘制装饰。（图2-1-18）

图2-1-15　　　　　　　　图2-1-16

图 2-1-17　　　　　　　　　　　图 2-1-18

五、教学注意事项

1. 学习并掌握剪纸技巧。教师指导孩子们学习剪纸的技巧，并鼓励孩子们自己创新尝试。

2. 花朵的颜色选择和搭配。教师鼓励、引导孩子们选择对比强烈的彩纸进行制作。

3. 构图的引导。注意花朵的大小、位置安排。孩子们通常会根据自己剪花的顺序直接粘贴，忽略花朵位置的摆放和主次关系，教师要在孩子们剪纸的时候加以引导。

（1）剪花朵的时候要做到花朵有大有小，形状各式各样。

（2）尽量将全部的花朵或叶子剪好后，再选择性地往白色卡纸上粘贴。

（3）粘贴完成后，引导孩子们对空缺的地方进行补充修改。

4. 引导孩子们画点的时候注意为不同的花朵和枝叶绘制的点应该有大小或疏密的区别。

六、课程拓展

此次课程最终呈现的作品装饰性较高，年龄大一点的孩子可以在此课程的基础上对作品有所升华，将最终的作品设计成装饰口袋或小收纳盒、节日礼物的外包装等。

作品欣赏

第二章 点和面的表达

指导老师：任思晓

第三课　尖尖的点——生气的刺鲀

一、课程介绍

本课程适合年龄：4~6 岁。

艺术是我们看生活的另一双眼睛，本次的课程是以刺鲀为媒介，让孩子们观察刺鲀的形体变化，并尝试用儿童卡通画的方式表达出来。让孩子们感受艺术是多样的、变化的、可塑的，启发孩子们运用绘画和手工来创造更多的生活惊喜。课程主题的选择是为了拓宽孩子们对"点"的理解，让孩子们明白"点"不仅仅是字面含义上的"圆"，而且是一切细小元素。（图 2-1-19）

图 2-1-19

二、教学目标

1. 知识目标

（1）观察复杂物体的形象特征，并且能对细节进行总结和诠释。

（2）体验纸张折叠变化的艺术。

（3）对点的拓展理解。这里的点并不局限于狭义的小点，而是指一切符合密集型排列的元素。

（4）了解卡通画绘制的形象特征和动物拟人化的表现。

（5）了解简单的黑白灰关系。

2. 技能目标

（1）掌握表现复杂物体特征的绘画技巧。

（2）掌握马克笔、蜡笔的使用技巧。

（3）掌握儿童卡通画的绘制技法。

（4）掌握简单的黑白灰搭配。

● 三、课前准备

准备竖切的半开白色绘画纸、马克笔、勾线笔。（图 2-1-20）

图 2-1-20

● 四、绘制步骤

1. 引导孩子们观察刺鲀变形前后的外形特征。把准备好的纸对折，平分成两部分之后，再分别向外折一次，距离要均等，在此步骤，也可以让孩子们自行安排折几次，可形成不一样的画面效果。（图 2-1-21）

2. 将中间部分都折进去之后，在最外面形成的画纸上开始绘制刺鲀的形象。（图 2-1-22）

3. 绘制刺鲀身上的刺和图案，绘制的时候要注意线条的粗细变化。（图 2-1-23）

4. 线条绘制完成后，给刺鲀搭配颜色。（图 2-1-24）

图 2-1-21　　　　　　图 2-1-22

图 2-1-23　　　　　　　　　　　　　图 2-1-24

● 五、教学注意事项

1. 折纸的时候，教师指导孩子们把面上绘制的这一层面积留大一点，这样才能画出形体饱满的刺鲀形象。此时也可以引导孩子们尝试不同的折纸方式，比如多折几层或折出长短不同的折痕，启发孩子们自己去尝试。

2. 绘制刺鲀的时候，教师要引导孩子们注意儿童卡通画的绘制特色。

（1）圆：圆形元素是儿童卡通画中常用的元素之一。因为圆形蕴含可爱、乖巧的情绪，非常符合幼儿对美好形象的诠释。所以在此次刺鲀的设计中，刺鲀夸张的大嘴、眼睛和形体都被设计成嘟嘟和鼓鼓的圆形。

（2）拟人：将动物、植物类角色拟人化是儿童卡通画的一大特点。所以要表现生气的刺鲀，不仅仅是在形体上，更重要的是表情的拟人化。让孩子们把人类生气的形象融入刺鲀的表情中去，用卡通的表现手法去展示刺鲀生气的样子。

3. 展开的惊喜。刺鲀生气时，就把折纸打开，显现出刺鲀长长的身体。教师引导孩子们绘制折叠内页的画面的时候，鼓励孩子们大胆想象，突破刺鲀既定的身体形象，去感受"怒发冲冠"的其他的表现可能，让画面多一些创意。

4. 线条的变化。在绘制过程中要提醒孩子们注意刺鲀不同身体部位的边缘线的粗细变化和块面体现。这属于平面构成的范畴，让孩子们开始接触简单的黑白灰关系。

5.颜色的绘制。教师应多注意孩子们的涂画方法。在绘制过程中,年龄较小的孩子可能出现颜色涂抹不均、留白太多、排线杂乱等现象,教师要注意及时纠正,让孩子们养成优良的绘画习惯。

六、课程拓展

此次课程的作品互动性和故事性较强,可在绘制完成后鼓励孩子们表演、展示他们的作品。因此本课程可往以下两方面拓展。

1.往教玩具设计上拓展。可以制作用于表演故事的教玩具,让孩子们想象更多的动植物或玩具,赋予画面更多的故事性。

2.往手工玩具制作上拓展。利用纸张折叠的收缩性特点,制作可用于拉伸变形游戏的手工玩具。(图2-1-25、图2-1-26)

图2-1-25 　　　　　　　　　　图2-1-26

作品欣赏

指导老师：邹冀

第四课　蚂蚁的地下王国

● 一、课程介绍

本课程适合年龄：5~7 岁。

本课程是根据儿童绘本《蚂蚁和西瓜》中的故事展开的。根据故事中对蚂蚁王国的描述，让孩子们自行想象一个个大小不一、功用不同的蚂蚁房间和纵横交错的隧道等，鼓励孩子们大胆将现实世界的所见所闻融入绘画中，用画笔表现自己对世界和生活的想象。（图 2-1-27）

图 2-1-27

二、教学目标

1. 知识目标

（1）故事创作：对自己设计创作的蚂蚁王国有自己的见解和故事线，并且能够让读者看明白。

（2）想象力培养：用天马行空的想象力创作出满足蚂蚁王国生活需要的设计。

2. 技能目标

（1）能合理安排圆形和线的关系，特别是圆形的大小、疏密。

（2）掌握画面构图的基本技巧。掌握主体物的位置摆放和大小安排，以及不同房间的大小关系和前后关系。

三、课前准备

准备马克笔、油性勾线笔、蜡笔、牛皮纸、白色卡纸、剪刀。

四、绘制步骤

绘本导入：分享《蚂蚁和西瓜》的故事，师生一起想象自己就是蚂蚁王国的一个小成员，居住在庞大宏伟的地下王国中，感受王国的生活活动。

1. 教师引导孩子们对地下王国的房间设计和空间布局进行安排。（图2-1-28）

2. 教师引导孩子们对房间进行设计，注意大小和疏密的变化，并用圆形作为装饰元素进行堆叠，形成在土壤中的视觉效果。（图2-1-29）

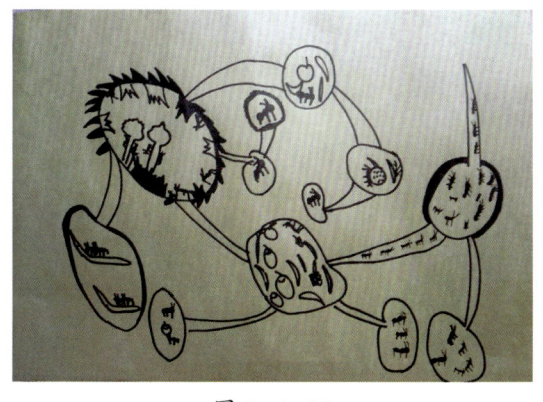

图 2-1-28 图 2-1-29

3. 将画好的地下王国顺着边缘剪下来，然后贴在白色卡纸上，并在白色卡纸上添画地面上的景色。（图 2-1-30、图 2-1-31）

图 2-1-30　　　　　　　　　　　　　图 2-1-31

五、教学注意事项

1. 圆形的大小疏密安排

密集的圆形代表土壤，不同的大小代表着空间的远近，尽量避免孩子画得大而粗糙。

2. 房间的大小主次安排

让孩子们在空白的画面里自主安排每一个房间的大小和位置，避免大小相同或房间在同一直线上的设计，同时注意主要房间和次要房间的位置区别。

六、课程拓展

此次课程是密集的线条和圆点的排列设计，所以画面的紧凑度相对较高。可以把图案画好后，让孩子们分小组，任意剪裁图案并进行图片拼凑。

1. 拼贴各种植物、几何物品等。
2. 圆点和线的排列组合画好后，画纸可用于包装、装饰。

作品欣赏

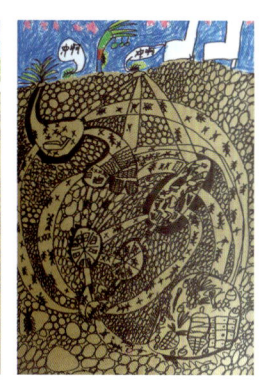

指导老师：邹冀

第二节 水墨的点与面

第一课 阳光下的金钱草

一、课程介绍

本课程适合年龄：6~8岁。

本课程意在让孩子们了解中国画颜料的各种色彩和好听的名字，认识中国画颜料的特点及其与水粉颜料的区别，用造型简单的金钱草去启发孩子们用滴、染等方式感受水墨的晕染效果和肌理表现形式。

图 2-2-1 《姹紫嫣红又一春》吴冠中

图 2-2-2

二、教学目标

1. 知识目标

（1）认识中国画颜料的独特名字及它们的色彩效果：胭脂是一种带冷调的红色，花青是一种深而沉稳的蓝色，它们都属于水色，具有透明、清亮的特点；三绿是一种带粉质的浅绿色，属于石色，具有鲜艳、厚重的特点……

（2）区分和认识宣纸的特质，例如生宣纸、夹宣纸、熟宣纸不同的吸水性。

（3）了解肌理效果这种艺术表现形式。

2. 技能目标

（1）认识并运用中国画颜料。

（2）感受在夹宣纸上作画的效果。

（3）运用抽象的点、线、面来完成一幅意象性国画作品。

三、课前准备

准备夹宣纸、中国画颜料、毛笔、水、毛毡、白色碟子。（图2-2-3）

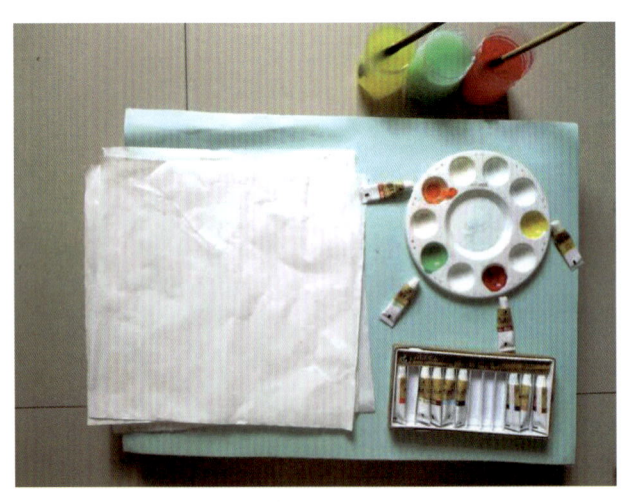

图 2-2-3

四、绘制步骤

1. 用湿画法点染石绿和三绿。（图2-2-4）
2. 在绿叶间点缀橙黄色、橘红色。（图2-2-5）
3. 加强对比色，可选用桃红色加大浸染区。（图2-2-6）
4. 处理藤蔓，枯笔中锋用线，拖拽用笔。（图2-2-7）

图 2-2-4

图 2-2-5

图 2-2-6

图 2-2-7

五、教学注意事项

1. 夹宣纸只具有一定量的吸水性，颜料画上去后不会晕染太开。若反复滴染，色彩边缘还会出现色痕，会呈现出一种偶然的肌理美感。

2. 在绘制金钱草秆儿的时候，注意要在颜料半干的状态下进行绘制。也可以让孩子们实验一下，在颜料全干和全湿的状态下绘制，对比出现的不同画面效果。

六、课程拓展

画面上的纯色使用给人以欢快的视觉效果，红、黄、绿的强烈对比加上浓墨的点缀，让画面中抽象的点形成了意象性的花朵，黑色的线条在彩色的点中穿梭形成了花朵的前后关系，提升了画面的层次感。（图2-2-8至图2-2-11）

图 2-2-8

图 2-2-9

图 2-2-10

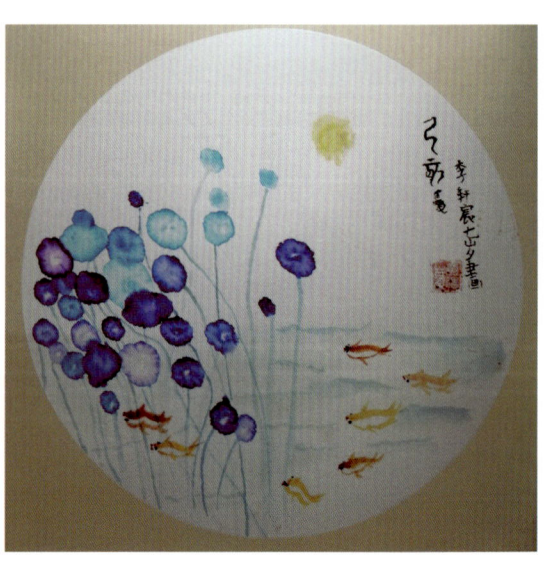

图 2-2-11

指导老师：黄倩

第二课　我的创意插画

一、课程介绍

本课程适合年龄：7~9 岁。

色彩的表现方式是多种多样的，有平涂、渐变、堆叠等。本课程主要引导孩子们体验水墨上色的肌理效果，感受色彩印记的艺术表现效果，让孩子们知道艺术的表现方式不是一成不变的，而是千变万化、推陈出新的。希望本课程中色彩的绘画方式能激励孩子们大胆尝试更多的具有创新性的绘画手法。

二、教学目标

1. 知识目标

（1）理解插画的特点，能够自己将文字内容转化为图画内容。

（2）区分和认识毛笔的特质。羊毛笔的笔刷更加柔软，适合清扫打底。

（3）了解肌理效果这种艺术表现形式。

（4）能够自己创新故事，并用语言表达出来。

2. 技能目标

（1）掌握水彩笔（水性）的晕染方式。

（2）体验色彩的晕染效果。

三、课前准备

准备 A4 镜面生宣纸、铅笔、勾线笔、水彩笔（水性）、国画颜料、水、白色碟子、羊毛笔。

四、绘制步骤

1. 用铅笔打底稿。尽量避免擦拭，画好后用勾线笔勾边。（图 2-2-12）

图 2-2-12

2.用水彩笔（水性）上色时，不一定要填满每一处空白，而是有意识地保留疏密排线，然后用羊毛笔蘸水，轻轻地点在上色的地方，观察颜色晕开的过程，待画面干了之后，再用羊毛笔用水点一下，形成水圈效果。（图2-2-13）

3.用国画颜料上色时需注意避免出现笔触印记，所以在上色前，可先用羊毛笔蘸清水涂抹一遍，再铺色彩，能够自然地将国画颜料晕染开。（图2-2-14）

图 2-2-13

图 2-2-14

● 五、教学注意事项

1.选择生宣纸作画时不能用橡皮擦。

2.水波纹效果只是肌理效果中的一种，可以引导孩子们尝试不同的肌理效果。用清水晕染水彩笔也是一种新型的方式，还可以让孩子们尝试在未干的画面上撒盐、撒洗衣粉等操作，让孩子们体验综合绘画的乐趣和奥秘。

3.墨汁上色时很容易留下很硬的笔触痕迹，所以在用墨汁上色前，需用清水轻轻地沾湿宣纸，能够让颜色铺展得更加自然。

六、课程拓展

作品欣赏

重庆师范大学附属小学五年级学生作品　指导老师：黄倩

第三章　色彩的采集

第一节　你好，色彩

教学设计缘起

有些孩子天生就能感知颜色的情绪语言：火热的红色、沉稳的蓝色、冷肃的紫色，等等。这一节，将让孩子们认识颜色、感知颜色、用颜色直接表达自己的想法，从而更好地让孩子们理解美术创作是一个表达自己的过程。也让孩子们在玩乐和巩固造型的过程中，去认识更多更新鲜的色彩、更多的工具，了解颜色的使用技巧。

第一课　流动的颜色

● 一、课程介绍

本课程适合年龄：4~6 岁。

本课程主要引导孩子们利用色彩的流动性进行艺术表现。色彩有形状吗？色彩有味道吗？色彩是什么感觉的？色彩除了用笔去填满，还有什么表现方式吗？本课程追求绘画的快乐与意境，主张让孩子们把色彩"玩"出来，而且要动脑筋"玩"。

● 二、教学目标

1. 知识目标

（1）认识水粉颜料。

（2）了解用水。画水粉画的关键之一是用水，要学会协调水和色来表现色彩。

2. 技能目标

（1）掌握水粉颜料的基本运用技法。

（2）掌握颜色的对比和搭配。

（3）掌握水粉颜料与水的比例。

（4）掌握色彩的自由表达。

● 三、课前准备

准备水粉颜料、A4 绘画纸、水粉笔、水桶、毛巾、水。

● 四、绘制步骤

1. 用水粉笔蘸满清水后，打湿纸面。（图3-1-1）
2. 将单色颜料大量加水并涂在纸上后，让颜料自然浸染，或者倾斜纸张，让颜料自然流淌，形成痕迹。（图3-1-2）
3. 依次加入黄色、绿色，保持水润度，让几种颜色形成自然的晕染效果。（图3-1-3、图3-1-4）
4. 选择对比色颜料，点染或撒、抖、刷在纸上，形成自然的晕染效果。（图3-1-5、图3-1-6）

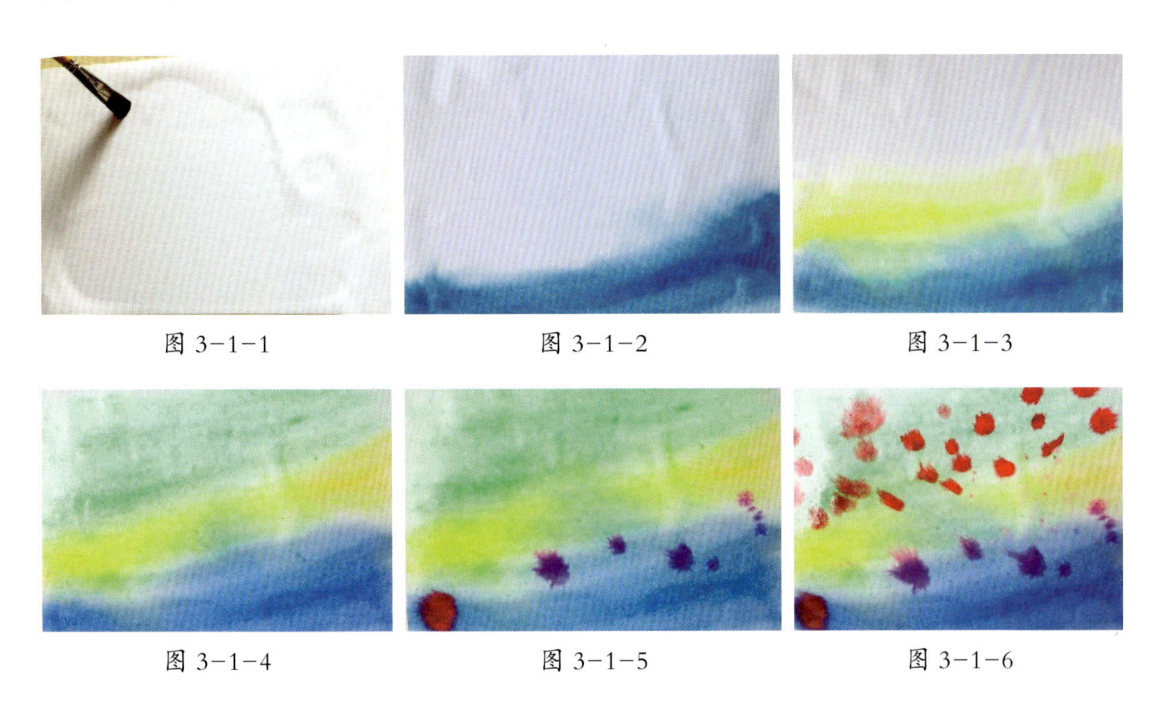

图3-1-1　　　　　　图3-1-2　　　　　　图3-1-3

图3-1-4　　　　　　图3-1-5　　　　　　图3-1-6

● 五、教学注意事项

1. 这节课的绘制是水粉绘制中用水量较多的一次示范。教师应引导孩子们观察水多的情况下水粉颜料会表现出较轻、薄、透的特点，为和后面的干画法对比作铺垫。
2. 不同颜色相晕染的时候，注意避免使画面变"脏"。这就需要教师引导孩子们对颜色进行取舍和选择，避免重复晕染在同一处，尽量使不同的颜色晕染在纸张不同的区域。

● 六、课程拓展

这门课程的设计出发点是让孩子们感知色彩的灵动性。不仅仅是通过色彩的流淌形成画面的灵动感，同时也形成多种颜色自然融合的色彩灵动感。教师可将材料进行拓展，让孩子们感受油画颜料、丙烯颜料混合后色彩灵动的表现特点，也可以用超轻黏土来表现色彩的灵动感。让孩子们按压不同颜色的超轻黏土，会在画面中形成一种新的颜色混合效果，产生新的视觉体验。

作品欣赏

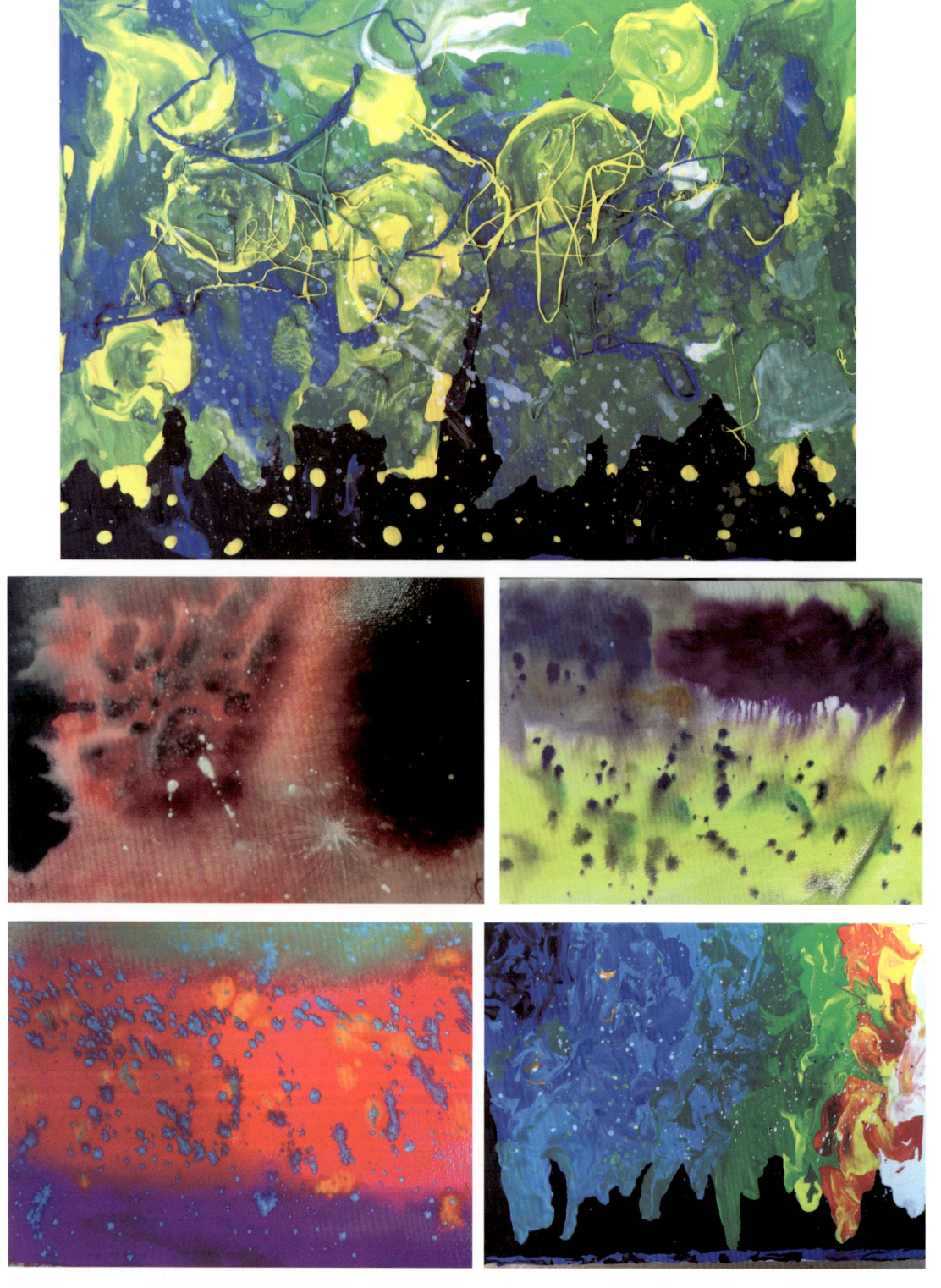

指导老师：李旭

第二课　蔬果遇见色彩

一、课程介绍

本课程适合年龄：3~5 岁。

本课程源于绘本《画了一匹蓝马的画家》。该绘本里面的动物穿上了各种颜色的花衣服，有一种后现代主义的波普美感。其中有一头身上画满了各色圆点的驴子（图 3-1-7），非常生动有趣。通过这节课的学习，不仅可以锻炼孩子们的造型能力，更重要的是让他们学习美术妙趣横生的表达方式。艺术绝对不是只能 1+1=2 的，艺术的表现手法是多种多样和天马行空的。本节课就是让孩子们用蔬果的剖面蘸取色彩作画，要知道，体验不一样的绘画工具，赋予颜色新的表现方式，就是艺术永远具有鲜活生命力的原因之一。（图 3-1-8、图 3-1-9）

图 3-1-7

图 3-1-8 　　　　　　图 3-1-9

二、教学目标

1.知识目标

（1）认识色彩，掌握水粉颜料的特点。

（2）感受不同的颜色美，以及蔬果剖面形成的独特肌理效果，理解肌理效果在艺术作品中的艺术语言。

（3）感受拼贴的表现技巧和表达效果。

2.技能目标

（1）掌握人物绘画技能，能够表现人物的主要特征和表情、情绪。

（2）拼贴人物五官，掌握人物表情的基本特点。

（3）大胆创造，大胆取用色彩。

● 三、课前准备

水粉颜料、勾线笔、半开牛皮纸、藕片等。提前用彩色卡纸剪出耳朵、脸、鼻子、嘴巴、眼睛等身体部位和帽子，待孩子们选用。（图3-1-10）

图 3-1-10

● 四、绘制步骤

1. 在调色板上备好多种颜料，让孩子们用藕片蘸取颜料印在"脸"上。（图3-1-11）

2. 鼓励孩子们自己装饰五官，可用勾线笔绘制或用藕片印图案。（图3-1-12）

3. 将装饰好的五官粘贴在"脸"上，再粘上其他装饰物。（图3-1-13）

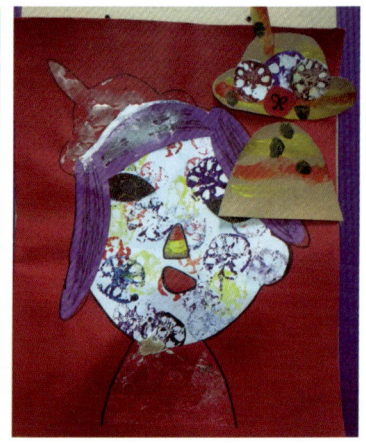

图 3-1-11　　　　　图 3-1-12　　　　　图 3-1-13

● 五、教学注意事项

1. 鼓励孩子们画人物的时候大胆一点。我们观察到孩子们在绘制的时候，容易出现不敢画或画得特别小的情况。鼓励孩子们将人物面部画得大一点，才能方便后面的塑造。

2. 颜色的多样性。孩子们在选择颜色的时候，有选取惯性，总是选用自己常用和熟悉的颜色，而对于偏冷的颜色不愿意尝试。教师要鼓励孩子们多使用不同的颜色。

3. 人物边缘线的勾勒。让孩子们用粗一点的勾线笔绘制，粗边的视觉效果比较有视觉冲击力。

● 六、课程拓展

作品欣赏

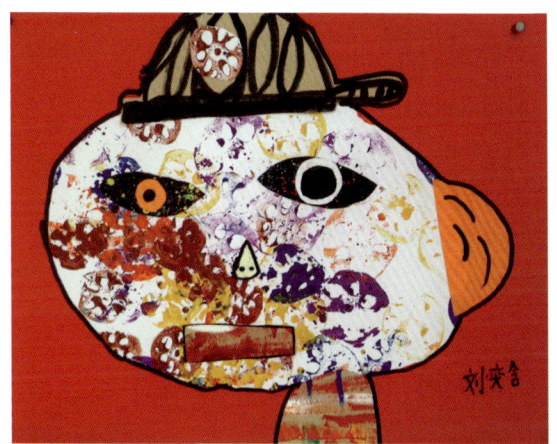

指导老师：邹冀

第三课 "古诗里"的大鹅

一、课程介绍

本课程适合年龄：4~6岁。

色彩课的学习需要让孩子们掌握颜色的调和、水量的拿捏和颜色的塑形技法。所以本课程的设计思路是利用外形简单又特征明显的大鹅做媒介，让孩子们学习用简单的色彩塑造形体。大鹅在水中，利用画水面让孩子们感受水量的多与少让颜色产生的不同画面效果，利用水波纹和大鹅的影子，让孩子们感受多种颜料调和在一起的色彩效果。

二、教学目标

1. 知识目标

（1）了解水粉颜料的特点和绘制流程。

（2）了解水粉颜料与其他工具的搭配效果。

（3）了解用色块去诠释被画物体的外形的观察方法。

2. 技能目标

（1）掌握水粉笔的使用技巧。

（2）掌握水粉塑形的绘画技巧。

（3）学习色彩的调和。色彩的调和即把两种或数种颜色混合以获得一种新的色相。

三、课前准备

准备水粉颜料、水粉笔（大、中、小号）、水粉纸、水、小毛巾。（图3-1-14）

图 3-1-14

● 四、绘制步骤

1. 先将背景全部涂为黄色，待水分半干时画出水面和岸边。（图 3-1-15）
2. 在水面和岸边颜料半干时画鹅。教师此时要引导孩子们感受和归纳鹅的外形特征，并用简单的几何形去组合。（图 3-1-16）
3. 添加鹅的其他细节特征。（图 3-1-17）
4. 完善画面。（图 3-1-18）

图 3-1-15

图 3-1-16

图 3-1-17

图 3-1-18

● 五、教学注意事项

1. 关于塑形

（1）在塑形过程中，有些孩子会因为胆小和害怕出错而用小号笔一点一点地勾画鹅的形象。此时教师要鼓励孩子们用大号笔勇敢地绘制，让他们逐渐熟悉用色块去诠释形体的技法。

（2）学会把复杂的物体形态用简单的几何形进行归纳。比如鹅的外形可以由头部的小椭圆 + 身体的大椭圆 + 脖子的弧线组合而成。

2. 关于颜色

（1）孩子们在绘制大鹅或水的时候，每个人蘸取的水量都不一样，画出来的颜色效果也不一样，教师不用刻意要求统一，让孩子们自己先去感受。孩子们可能会不经意地找到自己喜欢的绘制方式。

（2）画水的时候，还没有干的画大鹅的白色颜料会和画水的蓝色颜料混合在一起，教师注意引导孩子们不要过度涂抹这一区域的颜料，让颜色保持在蓝白相间的程度。

3. 关于用笔

孩子们刚开始用水粉笔会不习惯，在用笔过程中应注意引导孩子们规范用笔，避免杂乱无序的乱涂。

六、课程拓展

作品欣赏

指导老师：任思晓

第二节　色彩的缤纷与构成

教学设计缘起

在孩子们初步认识了水粉颜料的特点之后，我们准备让孩子们挖掘出色彩最狂热和最热烈的气质，激发孩子们的创作热情，用色彩去唤醒孩子们还未被开发的艺术天赋。这一节，我们安排的课程能够让孩子们进一步领略色彩的混搭和不同的干湿风格。

第一课　毛毛虫变成蝴蝶啦

一、课程介绍

本课程适合年龄：5~7 岁。

本次课程以儿童绘本《好饿的毛毛虫》（图 3-2-1 至图 3-2-3）引入，让孩子们去体会毛毛虫慢慢变成蝴蝶后那种幸福和兴奋的心情，然后用颜料体现这种情绪。孩子们表达情感的方式是直接而炙热的，让他们用色彩去展现各自的热情吧！

图 3-2-1

图 3-2-2　　　　　　　　　图 3-2-3

二、教学目标

1. 知识目标

（1）理解色彩的冷暖、渐变和明暗对比关系以及同色系色彩。

（2）感受各种色彩搭配碰撞的画面效果。

（3）感受不同用笔的画面效果。

2.技能目标

（1）学会水粉笔的勾边。

（2）学会使用水粉笔的提、扫、点等绘画技法。

（3）掌握水粉颜色渐变的绘画技法。

（4）掌握水粉颜料的干画法和湿画法。

（5）学会颜色的搭配技巧。

三、课前准备

准备水粉颜料、水粉笔（大、中、小号）、水粉纸、水、水桶、小毛巾。

四、绘制步骤

情景导入：好饿好饿的毛毛虫每天都努力吃各种食物，第一天、第二天、第三天……一直到第七天，毛毛虫终于变成了一个茧。两个多星期后，毛毛虫破茧而出，阳光洒在它漂亮的翅膀上，毛毛虫终于变成了一只美丽的蝴蝶。让孩子们用画笔展现出阳光下的蝴蝶翅膀吧！

1.画蝴蝶外形和背景底色。让孩子们尝试同色系的渐变，例如从草绿变为嫩绿，从普蓝变为群青。在渐变色的绘制过程中，让孩子们仔细观察多种颜色的调和形成的变化效果。（图3-2-4）

2.根据背景颜色选择对比度大一点的颜色，运用干画法绘制蝴蝶的翅膀。（图3-2-5）

（1）先铺一层底色。

（2）在底色稍微干一点之后，画笔笔尖保持原有的湿度，不要再蘸水，选择近似色或同色系颜色，然后直接加在底色上。这就是水粉画的干画法。

干画法是指第一遍色干透后，再上第二遍色、第三遍色。使用干画法创作的作品，由于色彩层层重叠，会产生丰富的层次效果，使表现对象明确、真实、深入。这种方法适于表现光影效果。

图3-2-4   图3-2-5

3. 用笔"提"。在翅膀做了第二层或第三层的铺色之后,继续用干笔尖选取亮度高的颜色,如黄色、白色等,落笔之后,把画笔往一个方向提,形成颜色头重脚轻的效果,这样的用笔会产生具有动感的视觉效果,给蝴蝶身上增加一些阳光的色彩。画面其他地方的装饰点缀也可以用此方法。(图3-2-6、图3-2-7)

图 3-2-6　　　　　　　　　　　图 3-2-7

五、教学注意事项

1. 在画蝴蝶外形的时候,注意提示孩子们翅膀的画幅面积大一点,翅膀太小的话,不利于展示丰富的颜色。

2. 画背景的渐变色时,让孩子们用大笔画,注意在渐变色的绘制过程中最容易出现明显的颜色分界线,提示孩子们用两种方法去避免:

(1) 推。用含水量少或不含水的笔去推颜料。例如蓝色到绿色的渐变,画蓝色的时候,把颜料往绿色那方多推一点,画绿色的时候,又往蓝色那方多推一点。在推的过程中,边界线会逐渐消失。

(2) 藏。在蓝色区域内"藏"一点绿色;反之,在绿色范围里也"藏"一些蓝色。怎么才能藏得自然呢?可以在颜料当中多加一些水,让颜料更稀一点,用湿湿的颜料画在底色上,待颜料干了之后,颜色的饱和度相对较低,像一种颜色轻轻藏在另一种颜色里面的效果一样,也能增加画面颜色渐变的自然感。

3. 湿画法。湿画法是水粉画基本且重要的画法,水色的渗透、晕化、淋漓可以使色彩获得十分自然、柔和、滋润的效果,充分体现出透明、流畅、轻快的水粉画特点。

4. 干画法。虽然是指颜料水分相对较低,但不是说完全用笔尖的毛去生硬摩擦,画时仍要求笔毫水分相对饱满、滋润,要防止色彩干枯、僵死。

5. 在学习"提"的用笔时,有些孩子的线条会特别短,注意引导他们控制用笔的力量和线条的长度,当然,这个过程需要不断地练习,所以鼓励他们给蝴蝶翅膀加以点缀的时候多用颜色,多用"提"的画法,让他们自己去感受不同绘制技法的乐趣。

● 六、课程拓展

作品欣赏

指导老师：任思晓

第二课　神秘的狮子鱼

● 一、课程介绍

　　本课程适合年龄：6~8岁。

　　为什么海洋里的鱼颜色五彩斑斓，而湖里的鱼颜色都很单调呢？你认识几种海洋里的鱼呢？你认识的鱼里面颜色最丰富、最漂亮的是什么鱼呢？你知道海洋里的鱼外形有多奇特吗？你认识"蓑鲉"这两个字吗？……今天老师变成了十万个为什么，让孩子和老师一起来找答案吧。本课程的设计依然是为了巩固练习水粉颜料的干湿画法和运用技法，所以选取物种和颜色都比较丰富的海洋生物为主题，让我们一起来探寻这片神秘的海底世界吧！

● 二、教学目标

　　1. 知识目标
　　（1）了解海洋生物的独特性。
　　（2）了解水粉颜料的干湿画法的区别。
　　（3）了解水粉颜料的层次感。
　　2. 技能目标
　　（1）进一步练习水粉颜料的干和湿的搭配技法。
　　（2）掌握用水粉颜料画细节的技法。
　　（3）体现色彩的层次感。

● 三、课前准备

准备水粉颜料、水粉笔（大、中、小号）、水粉纸、水、水桶、小毛巾。

● 四、绘制步骤

课程导入：蓑鲉（suō yóu），又名狮子鱼，因外形奇特和花纹丰富而成为知名的观赏鱼，多栖息于温带靠海岸的岩礁或珊瑚礁内，性格孤僻，喜独居。

1. 观察狮子鱼的外形并将其分解为简单的几何形，然后绘制轮廓。（图3-2-8）
2. 画背景色。用湿画法进行背景色的绘制，引导孩子们了解背景色有深浅和色相的变化，并用对比色表现鱼。（图3-2-9）
3. 绘制海草，加强鱼身颜色。（图3-2-10）
4. 在海草和鱼身已有的色块上，用干画法进行细节和装饰的绘制。（图3-2-11）

图3-2-8 　　　　　　图3-2-9

图3-2-10 　　　　　　图3-2-11

● 五、教学注意事项

1. 卡通化的表达。在绘制狮子鱼外形的时候，引导孩子们夸张其特征，拟人化其表情和眼、耳、鼻、口，增强画中角色的互动性和表演性。
2. 用水粉颜料塑形。画狮子鱼身上张开的翅膀时，鼓励孩子们用小号笔一笔完成，注意线条的流畅和粗细变化，以及边缘的整洁。这是色彩绘制中用笔技法的必要技能之一。

3.海草的深浅搭配。让孩子们注意区分深浅颜色的排列。引导孩子们观察远近不同的物体的颜色，了解同色系的深浅能够营造视觉上的空间纵深感，从而让海草变得有立体感。

4.狮子鱼身上的装饰。波点和线条的装饰用大小适中的干笔直接点缀。让孩子们感受鱼身上湿润的颜料和笔尖的干颜料混合形成的肌理效果。引导孩子们认识色彩绘制过程中笔触的美学。

5.注意水量的掌握。水多色少易灰、脏，画时鲜亮，但水干后颜色会变浅或变灰，无质感。水少色多易干、枯、涩，表现不出质感、光泽，不利于色彩衔接。

6.如色彩不准或面积不当，可待完全干后再覆盖修正。画主要物体时，颜色要纯正、厚重、饱和，以"摆"的技法为主，稳准铺排到位，笔触要顺应物体结构，在固有色的基础上加深颜色。

六、课程拓展

年龄小一点的孩子在上这堂课的时候，教师可增加美术工具，例如蜡笔，让孩子们体验"油水分离"的画面效果，感受另外一种艺术表达效果。

作品欣赏

指导老师：任思晓

第三章 色彩的采集

063

指导老师：邹冀

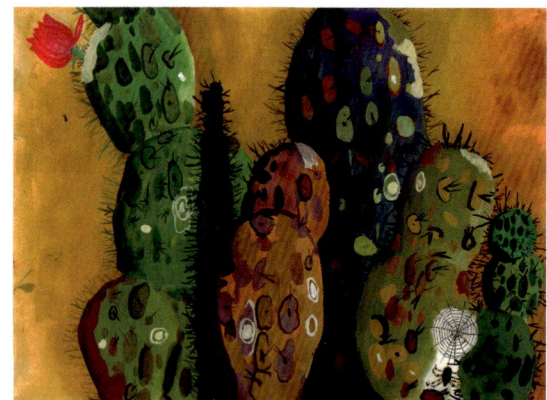

指导老师：李旭

第四章　综合材料的运用

教学设计缘起

　　出于好奇和好动的本能，儿童会对手工工具产生兴趣，有时还会引起自发的游戏行为，进入目的不十分明确的模仿活动，这些动作都可初步锻炼儿童的思维，提高儿童手部肌肉的灵活性和协调性。随着儿童思维的发展，他们开始把生活中直接感知的东西用手工的方式表现出来，例如手工花、千纸鹤等，这个阶段我们可给儿童提供一些常见的生活用品或废旧材料，辅助、引导他们进行创作，激发他们的创造力和想象力，培养他们的动手能力，提高他们主动活动的兴趣。本章将以多种类型的手工材料作为主要内容，结合色彩和造型的塑造，开启综合的手工创作之旅。

第一节　有趣的超轻黏土

一、课程介绍

　　本课程适合年龄：5~7 岁。
　　超轻黏土是黏土材料的一种，由于其新型环保、无毒易风干、不粘手且易操作，所以非常适合儿童捏塑。它既适合低龄幼儿玩耍，也适合高年级孩子塑形，是美劳教育的最佳素材之一。
　　本课程的主要内容为用超轻黏土制作立体的空中花园。

二、教学目标

　　1. 了解超轻黏土的特质与用途，如做公仔、胸针、发饰、浮雕装饰，也可与其他手工材料综合搭配使用。
　　2. 了解超轻黏土色彩的混合方法。两种以上不同颜色的黏土搭配到一起，即可调配出新的颜色，但要注意颜色调和的比例。
　　3. 了解超轻黏土不同工艺的手工制作方式。如圆形、水滴形、方形等基本形和花纹的制作方式。

三、课前准备

1. 准备超轻黏土一套、手工模具、黏土工具一套。
2. 基本形状练习。

（1）做一些圆形（图4-1-1）、水滴形（图4-1-2）、方形、条纹的热身练习。

图 4-1-1 　　　　　　　　　图 4-1-2

（2）简单卡通形象的练习。（图4-1-3至图4-1-5）

图 4-1-3 　　　　　　　　　图 4-1-4

图 4-1-5

● 四、制作步骤

1. 底座的制作。选择大小和硬度合适的底座，将超轻黏土包裹上去，形成土地的效果，再在其面上制作草地、花草等装饰。（图4-1-6）

2. 骨架的制作。一般采用木架或铁丝制作成直立骨架，用报纸包裹一圈后，再在报纸表面粘贴一层超轻黏土。在这一层包裹好之后，就可开始增添装饰或颜色混合效果。（图4-1-7）

3. 细节的制作。大框架制作好后，开始细节的增添。可用小刻刀给叶子增添纹路，以及制作悬吊的藤蔓，添加蘑菇、花朵等小物件。（图4-1-8）

图4-1-6 　　　　图4-1-7 　　　　图4-1-8

● 五、教学注意事项

1. 教师引导。教师引导应从三个方面进行：情景环境的想象拓展引导；大物体和小物体的对比引导；色彩搭配的美感引导。

2. 制作过程中对物体的立体观察。指导孩子们创作时不能只看创作对象的正面，应360°全方位观察创作对象，并思考手工制作的先后顺序，应由大至小、由浅至深。

3. 注意用手工刻刀对细节进行雕刻，以突出细节美感。

六、课程拓展

对于年龄较小的孩子来说，制作立体的综合型场景难度有点高的话，还可以将超轻黏土作为平面和半平面手工的制作材料。（图4-1-9、图4-1-10）

图 4-1-9　　　　　　　　　　　　　　图 4-1-10

重庆师范大学艺术教育专业学生作品　指导老师：李旭

作品欣赏

指导老师：李旭

第四章　综合材料的运用

第二节　刻与印的小版画

教学设计缘起

版画，造型艺术之一，即人们用刀或其他工具材料，在木、石等版面上雕刻或蚀刻后再印刷出来的图画。儿童版画也属于版画的一种，只是材料改为易于儿童使用的吹塑纸、塑料板等。在版画中，刀便是画笔，刻画的缓慢过程极大地考验了制作者的耐性和毅力。版画是一种通过画、刻、印等方法完成美术作品的艺术表现形式，它兼具绘画和工艺的双重特性，有突出的动手实践性特征和动脑创造性思维特征。

一、课程介绍

本课程适合年龄：6~8 岁。

通过这次课程学习，我们希望让孩子们领略版画印刷的乐趣。但对于 6~8 岁的孩子来说，他们很难具备使用传统版画工具和材料的能力，材料使用的困难会大大降低创作的乐趣，而吹塑纸、KT 板、胶片这些常用材料，不仅便捷常见，而且具有较好的复制性，能够让孩子们体会到版画"复制"的乐趣，在每次复制时，还能在重复的基础上产生新的独特的想法。

本次课程的主要内容是绘制石榴版画作品。

二、教学目标

1. 知识目标

了解版画，认识版画的制作特点和独特魅力。

2. 技能目标

（1）基本掌握吹塑纸版画的创作方法，并能对喜爱的造型进行改装。

（2）熟悉版画的线条绘制技法和表现形式。

三、课前准备

准备吹塑纸（单层较厚）、水粉笔（大号或中号）、黑色颜料、白色和红色卡纸、蜡笔。

四、绘制步骤

1. 画稿。根据自己的观察画线稿，用铅笔在吹塑纸上画出凹痕。（图 4-2-1、图 4-2-2）

2. 上墨。在画好的线稿上面涂黑色颜料，然后用

图 4-2-1

白色卡纸覆盖在吹塑纸上,用力压印,注意用力要均匀,使颜料能均匀地印在卡纸上。剪下白色卡纸上的图案,粘贴在红色卡纸上。(图4-2-3)

3.在红色卡纸上进行装饰,用蜡笔绘制一些吉祥的纹样。(图4-2-4、图4-2-5)

图 4-2-2

图 4-2-3

图 4-2-4

图 4-2-5

● 五、教学注意事项

1.在画稿时,教师应结合范图,讲解构成画面的线条的疏密关系:画面中,哪些地方线条最密集,哪些地方线条最稀疏,哪些地方线条不稀不密(即构成画面的黑白灰关系)。在小学中低年级的授课过程中,一般不直接讲画面的黑白灰关系等复杂的概念。

2.颜料中不能加水太多,应使之有较高的浓度,确保吹塑纸上的颜色不会太稀。

六、课程拓展

1. 中国版画

独特的刀法技艺与木刻风格，使版画在中国文化艺术史上具有独立的艺术价值与地位。现存我国最早的有明确版刻时间落款的，是唐代咸通年间所刻印的《金刚般若波罗蜜经》卷首图（图4-2-6），始作于公元868年。

2. 版画拓展

（1）多色印刷。利用吹塑纸易刻的特点，年龄较大的孩子可以绘制更复杂的线稿，进行多物件上色印刷，形成多色印刷的效果，具有当代招贴画的视觉效果。（图4-2-7至图4-2-9）

（2）装饰。将版画印在衣服或袋子上，形成独特的艺术效果。（图4-2-10至图4-2-12）

图 4-2-6

图 4-2-7

图 4-2-8

图 4-2-9

指导老师：李旭

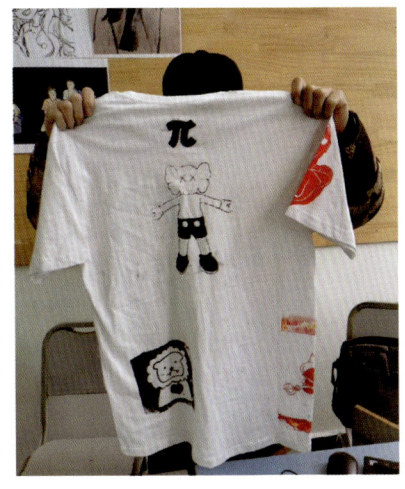

图 4-2-10　　　　　　　　图 4-2-11　　　　　　　　图 4-2-12

指导老师：任思晓

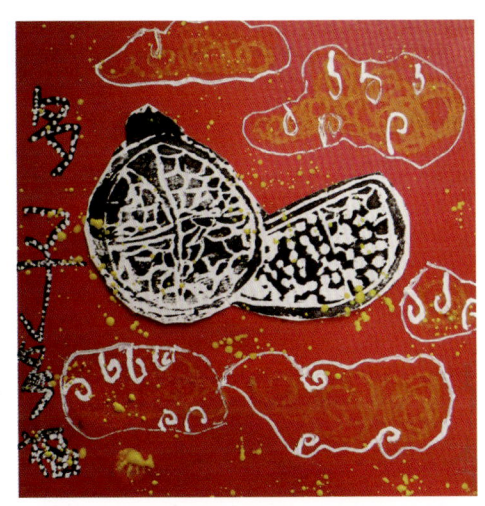

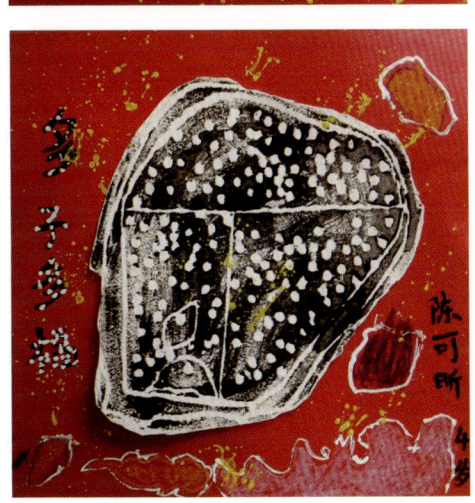

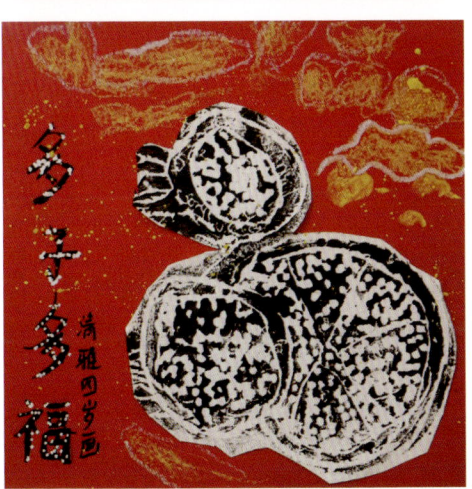

作品欣赏

指导老师：黄倩

第三节　纸艺创作

教学设计缘起

纸艺，是我国传统手工艺的一种，从平面的剪纸、撕纸、纸拼贴、纸构成、纸浆艺术，到半立体的折纸、纸雕，再到立体的纸扎（彩灯、风筝、纸玩具等），从古至今，从南到北，从乡土到现代，纸艺一直生生不息。纸雕，也叫纸浮雕，是一种以纸为素材、使用刀具塑形的工艺。它的起源可以追溯到中国汉代纸的发明。

现代纸张的多样性和实用性给我们的纸艺创作提供了更多的可能性，纸艺DIY变成一种极佳的美术创作方式。本节内容将带领我们一起进入缤纷浪漫的纸艺世界。

一、课程介绍

本课程适合年龄：7~9岁。

立体纸雕，也叫光影纸雕，放在镜框里远远地看，一般人都会将其误认为木雕或牙雕，这就是纸雕的趣味所在。如果再加上灯光投影，会有一种古典和时尚相结合的感觉。

本次课程的主要内容是制作立体纸雕——森林里的山羊。

二、教学目标

1. 知识目标

了解纸雕工艺的特点与历史。

2. 技能目标

（1）掌握纸雕的基本步骤：画、刻、整理、贴。

（2）掌握工艺品的装饰展示效果。

三、课前准备

准备胶版纸（道林纸）、铅笔、橡皮擦、美工刀、胶水、有机玻璃（塑料玻璃）、夹子、魔术贴或双面胶、灯带、泡沫板或硬卡纸。

四、绘制步骤

1. 画。选好图案，按照由近及远的顺序分层画在纸上，并沿着每一张画好的线条用刻刀刻下来。（图4-3-1）

2. 整理。将刻下来的每一层画稿按照顺序摆放在泡沫板或硬卡纸上。此时可用夹子夹住画稿或用有机玻璃压住画稿，以免发生位移。（图4-3-2）

3. 在最后几层处选择合适的空隙安装灯带。（图4-3-3）

4. 按照排列好的图层顺序依次粘贴，注意每层之间的间隔。（图 4-3-4）

图 4-3-1　　　　　图 4-3-2　　　　　图 4-3-3　　　　　图 4-3-4

五、教学注意事项

1. 在选择画稿时，尽量选择分解层数较多的画稿。纸雕的层数越多，层次感越强，立体效果就越好，所以应避免选择无法分层的画稿。

2. 在分层绘制的过程中，由于是分别在不同的纸张上画，所以要注意大小比例正确，避免出现忽大忽小或每张纸的物件大小不同步的现象。

3. 在整理过程中，可适当调整层数效果。如果觉得某处太空，可自主增添刻画的内容。如果层数较多，不便于整理，可在每一张纸的右上角写上编号，以免混淆。

4. 光影纸雕的重点在于层次感的体现，注意图层的疏密关系，合理使用双面胶或泡沫胶。

六、课程拓展

刻板纸雕，发源于传统纸雕，相对于光影纸雕，其制作工艺稍微简单一些，更适合年龄小一些的儿童学习。其制作方法有平贴法、透雕法、凹凸法等。

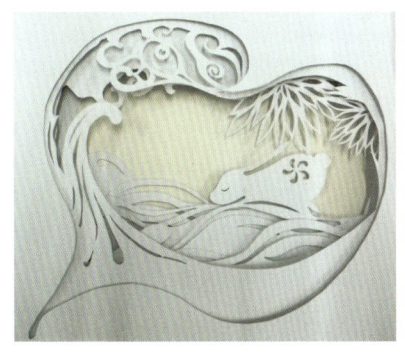

作品欣赏

076

第四章 综合材料的运用

077

幼儿趣味美术创作教程

078

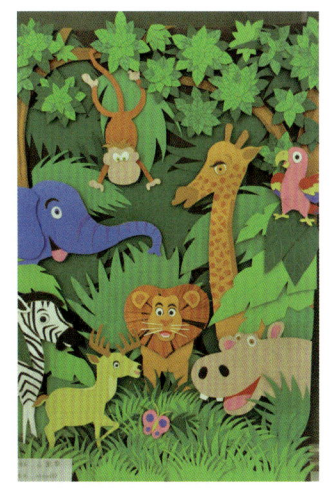

第四章 综合材料的运用

079

指导老师：邹冀、李旭

第四节　废旧材料的运用

一、课程介绍

本课程适合年龄：6~8岁。

把家里的生活废弃物"丢"给孩子们吧，看看孩子们到底多有创造力！本次课程是让孩子们以家里的废旧物品为材料，进行模拟青铜器的手工活动。我们希望通过手工制作，让孩子们了解青铜器的文化和历史。

青铜器后母戊鼎，曾称"司母戊鼎"，是商武丁时期铸品，1939年出土于河南省安阳市武官村，现藏于中国国家博物馆。这是我国目前已知古代最重的青铜器，也是我国首批禁止出境展览的文物之一。（图4-4-1）

门环是中国古典"门文化"的精粹，是集装饰、实用、习俗为一体的建筑构件。随着社会的发展，门环蕴含的传统门第观念逐渐淡化，老门环所具有的历史和艺术文化价值却愈发凸显。（图4-4-2）

本课程的主要内容是制作"青铜鸟"。

图4-4-1 后母戊鼎　　　　　　图4-4-2 青铜门环

二、教学目标

1. 知识目标

（1）理解利用废旧物品进行手工创作的基本概念。

（2）了解多种材料，提高创作热情，感受立体形象的表现特色。

（3）了解青铜器的造型艺术，对青铜器作品进行鉴赏，并了解我国青铜技术的发展与成就。

2. 技能目标

（1）运用塑料瓶、筷子、瓶盖等作为支架，搭建出鸟的形象，并且能够作立体展示。

（2）用丙烯颜料创作出青铜材料的肌理效果，并能够合理运用色彩进一步强化鸟的外形特征。

三、课前准备

准备塑料瓶、废旧的笔或筷子、报纸、丙烯颜料、刻刀、排笔、金粉、胶枪。

四、绘制步骤

1. 选择一个塑料瓶，将其表面处理干净，找好鸟的脖子和两条腿的位置，并钻好洞（图中画圆圈的地方）。（图4-4-3）

2. 瓶内填满报纸，用来做鸟的身体。（图4-4-4）

3. 用大小合适的废旧笔或筷子来做鸟的脖子和腿，将其插进塑料瓶的洞里去，并用胶枪固定好。（图4-4-5）

4. 做青铜鸟的底座。选择一个大小合适的瓶盖，用胶枪把鸟的双脚固定在瓶盖上，使其能站立在桌面上。（图4-4-6）

5. 做出鸟的眼睛、嘴巴、尾巴和翅膀等身体部位，粘在瓶体上，大鸟的基本形体就完成了。（图4-4-7、图4-4-8）

6. 给这只鸟涂上黑色丙烯颜料作为底色，注意涂抹均匀。（图4-4-9）

7. 黑色丙烯颜料干后，用金粉叠加制做青铜器效果。（图4-4-10）

| 图4-4-3 | 图4-4-4 | 图4-4-5 |

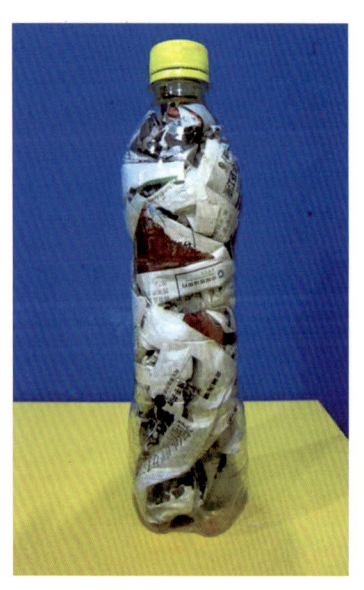

图 4-4-6 　　　　　　　　图 4-4-7 　　　　　　　　图 4-4-8

图 4-4-9 　　　　　　　　　　　图 4-4-10

● 五、教学注意事项

　　1. 在塑料瓶体中适当填充废纸，以保证鸟身的充实和饱满。
　　2. 保证鸟的两条腿是在同一水平线上，否则无法站立。
　　3. 粘贴翅膀、眼睛或其他装饰性物品的时候，注意确保其牢固性和美观性。
　　4. 涂抹黑色丙烯颜料的时候，注意底色要全身均匀涂抹，避免涂薄了漏出塑料瓶的底色或涂太厚导致颜料堆积。
　　5. 涂抹金粉的时候，一定要注意轻蹭，可以先少一些，再慢慢叠加，不要一下子涂抹太多金粉，适当保留黑色的底色，这样才有青铜的质感。

六、课程拓展

我们不希望孩子们将形象固化，认为世界上的鸟只有平面绘制这一种表现语言，我们希望孩子们能看到世界和物体的另外一面，能对每一个生命体和物体有更多角度的感知、观察、情感和表现，并尝试用身边的物品创作出更多的美物。

可借助丙烯颜料和金粉的特性，运用更多的美术材料模拟制作青铜作品，比如超轻黏土。

把家里的废旧物品如卷筒纸芯、雪糕棍、塑料瓶、报纸……找出来，一起动手"DIY"吧！请欣赏以下以废旧塑料瓶和纸杯为材料制作的创意作品吧！

作品欣赏

指导老师：向慧玲

第四章 综合材料的运用

085

幼儿趣味美术创作教程

086

第四章 综合材料的运用

087

幼儿趣味美术创作教程

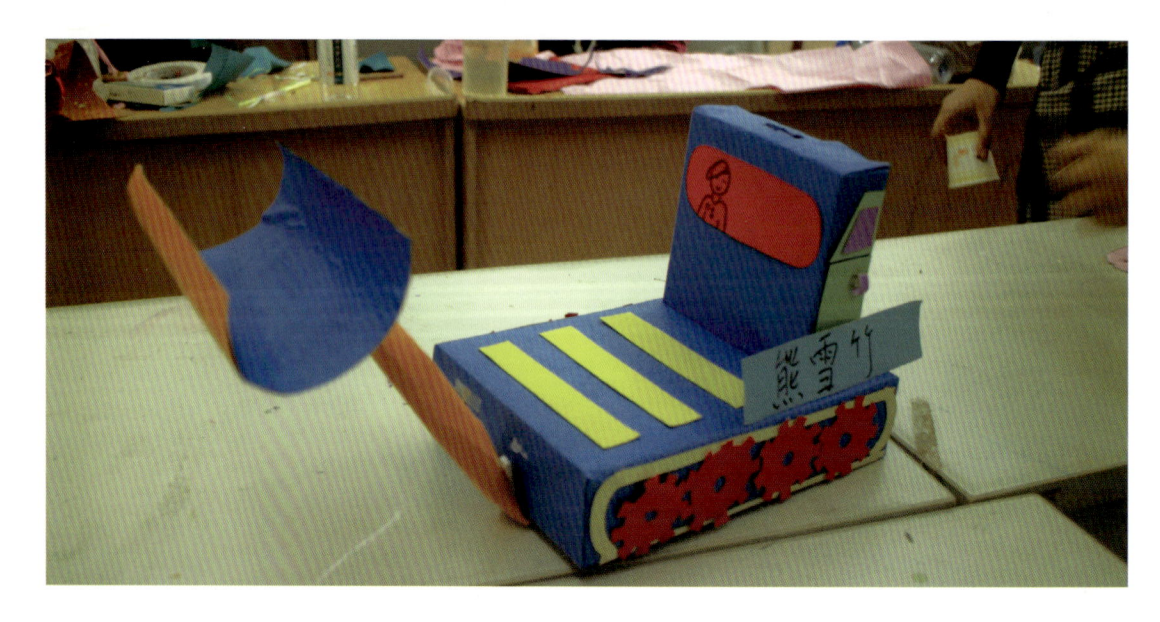

088

第四章 综合材料的运用

指导老师：李旭

后 记

　　研发一门主题课程就像是研发一桌食材丰富的宴席，而研发一节课就像是做好一盘菜，我们要确保每盘菜的营养搭配、色香味搭配。本书的课程设计、教学观察和实践都来自重庆师范大学学前教育专业的资深幼教工作者李旭老师和邹冀老师，感谢他们的学术支持，还有王彦老师、黄莎老师、向慧玲老师参与的课程设计与实验，感谢他们付出的智慧与辛劳。

　　当然，我更感谢参与学习绘制的这些孩子们，你们的与众不同和善良纯真是我们愿意理想化地从事儿童美术教育研究的动力。

　　感谢你们！